Où sont mes pieds,
je suis à ma place

Estelle Calvin

Où sont mes pieds, je suis à ma place

ISBN : 978-2-9584715-0-7

À mes anciens élèves.

« Il n'y a pas de grande tâche difficile qui
ne puisse être morcelée en petites tâches
faciles. C'est, instant après instant, pensée après pensée, émotion après émotion, que nous pouvons accomplir cette
tâche. »

Matthieu Ricard

MON GR 20

JOUR 1
CALENZANA
(275m)
GîU D' U ROBBU
(1520m)
CARROZU
(1270m)

JOUR 2
CARROZU
ASCU
(1422m)
MONTE CINTO
(2706m)
BERGERIE

JOUR 3
BERGERIE
(1520m)
CIOTULU D' I MORI
col St Pierre
(1629m)
BERGERIE V.
LAC NINO
(1743m)
VERGIO
(1477m)

JOUR 4
BERGERIE
LAC
BRÈCHE CAPITELLO
(2200m)
ZZZZZZ
PETRA PIANA
(1842m)
Variante alpine
ONDA
(1430m)

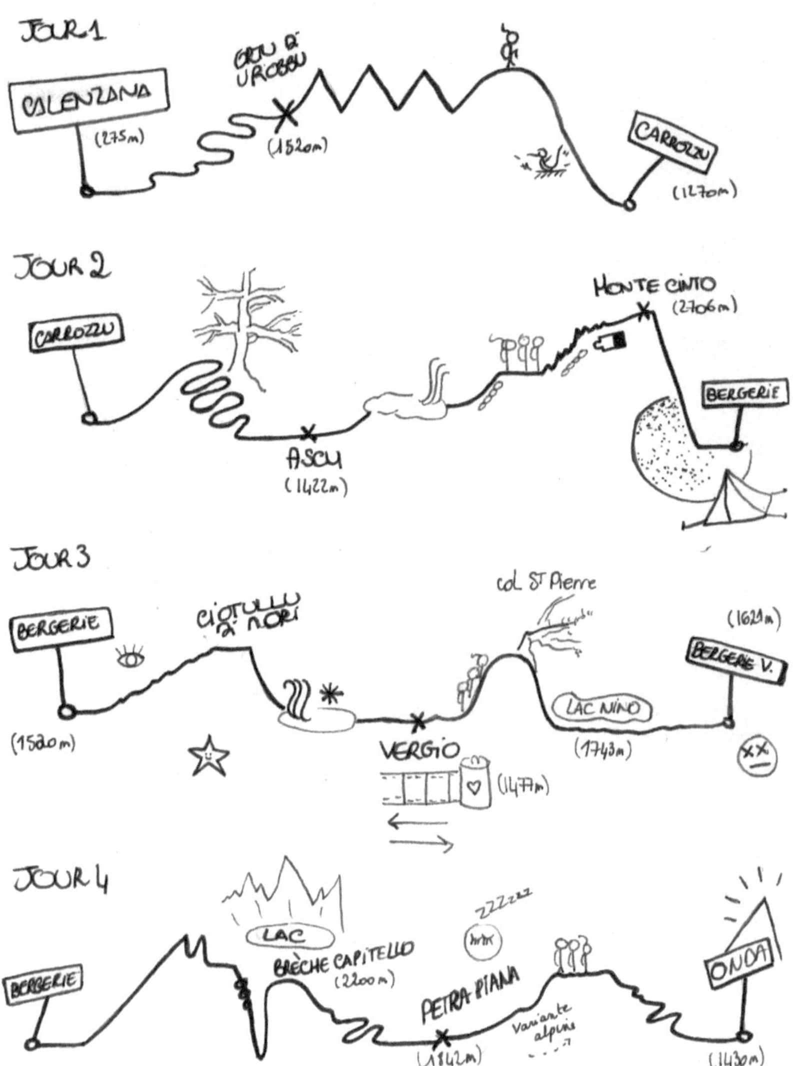

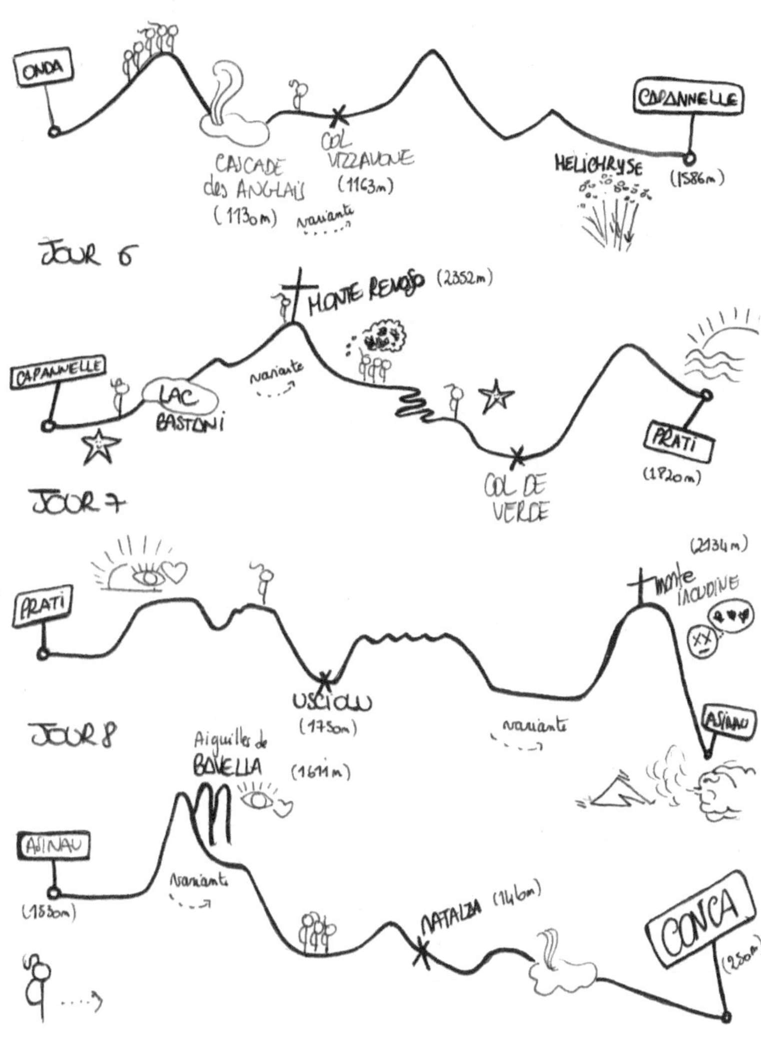

JOUR 5
ONDA
CASCADE des ANGLAIS (1730m)
COL VIZZAVONE (1163m)
variante
HELICHRYSE
CAPANNELLE (1586m)
JOUR 6
MONTE RENOSO (2352m)
CAPANNELLE
LAC BASTANI
variante
COL DE VERDE
PRATI (1820m)
JOUR 7
PRATI
USCIOLU (1750m)
variante
monte INCUDINE (2134m)
ASINAU
JOUR 8
Aiguilles de BAVELLA (1614m)
ASINAU (1530m)
variante
NATALZA (146m)
CONCA (250m)

Ce récit est largement inspiré par mon aventure qui n'aurait pas été la même sans toutes les personnes qui y ont participé. Par respect pour elles et eux, les prénoms ont été modifiés.

« Avant de s'engager, il y a l'hésitation, le risque de l'inefficacité […]. Au moment où l'on s'engage définitivement, la providence se met elle aussi en marche. […] Il se produit une succession d'évènements, dès que la décision est prise, qui font tourner le vent en notre faveur. […] Quel que soit votre rêve et quelles que soient vos capacités, commencez. L'audace a du génie, du pouvoir et de la magie ! Commencez tout de suite. »

William Hutchison Murray

Avant-propos

Si tu n'arrives pas à penser, marche.

Si tu penses trop, marche.

Si tu penses mal, marche encore.

Jean Giono

De quoi est composé un bon récit d'aventure ?

Une contrée lointaine, des aléas climatiques, un environnement hostile, des imprévus, des conditions de vie spartiates, extrêmes, solitaires, une longue durée d'expédition, des ressources insoupçonnées, un engagement total de soi.

Le GR20, emprunté par plus de trente mille marcheurs chaque année pour traverser la Corse, ne semble pas avoir l'étoffe des grandes explorations.

Et si le trek n'était que l'expérience d'une aventure plus grande, appelée communément : la vie ?

Apprendre à faire face à ce qui doit arriver jusqu'à en faire une manière d'être et devenir des aventurières et aventuriers du quotidien.

Dans cette autofiction, les animaux sauvages sont les croyances, les constructions mentales et sociales. L'environnement et les obstacles du terrain sont les souvenirs, le passé qui accroche, le présent qui se construit. Le climat représente les émotions.

Publier ce récit d'aventure commune a d'abord été le fruit d'une longue hésitation. J'ai choisi de le faire face à l'évidence : pour moi, rien n'a été ordinaire sur ce chemin. Si j'ai croisé tout au plus un renard et quelques oiseaux, j'ai vécu un safari de croyances et de révélations au fil des kilomètres ! Il m'a fallu plusieurs mois pour digérer mon expérience du GR20 et mettre des mots sur ce que je percevais d'introspectif et de thérapeutique dans le trek et la randonnée.

Choisir un personnage fictif, Sasha, m'a permis de dépasser mon histoire personnelle : passer d'une épreuve individuelle, intérieure, intime à une expression plus universelle du lien profond de l'Homme à la Nature et à la marche.

Plus encore, Sasha est devenu l'aigle qui m'a offert de la hauteur pour regarder le monde, le passé, le présent, et l'horizon avec davantage d'acuité, de détachement et d'acceptation de ce qui est. Contempler et tenter de comprendre cette aventure qu'est la vie dans sa globalité, les expériences successives révélant leur sens et leur congruence au fil du chemin.

La marche apparaît comme la métaphore du parcours chaotique qu'est la vie. Faire face, instant après instant, à ce qui se présente, et puiser en soi les ressources pour avancer, grandir, apprendre, et accepter d'être pleinement qui on est : un être parfaitement imparfait. La Nature est, quant à elle, une coach formidable et loyale. C'est elle qui guide Sasha pour lui permettre de reconnaître que ce qu'elle entend, voit, expérimente et capte dans son environnement vient lui parler d'elle et de sa manière de vivre les épreuves du quotidien.

Sasha, c'est moi. C'est toi. C'est elle ou lui.

Et son histoire est une ode à la marche, aux sens et au sens de la vie, des évènements, des expériences.

Elle est une invitation à oser.

Oser faire un pas de plus. Marcher, marcher, marcher pour s'approcher des sommets, des vallées, des rivières, des lacs, des forêts qui nous offrent des paysages hauts en couleur, plein de surprises et de découvertes.

Oser s'ouvrir à d'autres réalités, à d'autres niveaux de conscience et de communication et à d'autres formes de liens.

Avant tout,

À la Nature — Mère-Veilleuse,

À ce plus Grand qui défie le Hasard et qui a le nom que chacun souhaite lui donner.

Oser pour ne pas regretter le temps qui passe.

Oser vivre son monde intérieur, celui qui vibre, rayonne, s'amuse, chante la joie.

La joie d'être soi, pour soi et pour les Autres.

Ce récit est une invitation à entrer en soi, à en sortir, à expérimenter son corps, son cœur, ses émotions.

1

Considérer les pensées comme des oiseaux. Et derrière les oiseaux, il y a toujours un ciel immensément bleu. Le problème de l'angoisse, de la peur, c'est que je me fixe encore une fois sur les oiseaux. J'en oublie presque le principal. Le ciel. L'ennui, c'est qu'il y a des paquets d'oiseaux. [...] Je disais à une amie : « C'est bien facile de voir passer un oiseau, mais quand il y en a cent-mille à l'heure, comment fait-on pour aller dans la vacuité ? Elle m'a répondu : « N'essaie pas de lutter contre les oiseaux. Essaie plutôt d'instant en instant de voir quand il y a un petit coin de ciel bleu dans la journée. »

Alexandre Jollien

27 septembre 2019

— Vous n'avez pas d'enfant ?

— Non.

— Bon, eh bien au moins, tu peux tirer la chasse et passer à autre chose.

C'était il y a un mois. Un couple avait répondu à mon annonce « Canapé 3 places » postée sur le Bon Coin, venant dans la foulée le récupérer. Je retiens de notre rencontre un échange franc, sans finesse, mais d'une cruelle lucidité.

Aujourd'hui, nous vendons notre maison. Signer, chacun son tour, l'acte de vente, face à la notaire qui, trois ans plus tôt, avait aussi rédigé notre premier acte de propriété. Même bureau, mêmes chaises, regards faussement sereins.

Cette vente marque la fin d'un Nous qui s'est effrité sans que nous nous en rendions compte. Nous devions nous marier. Nous nous séparons.

Des mots se juxtaposent les uns aux autres. Jean pose les bases pour la suite : « J'ai eu le banquier. Après la vente, on rembourse complètement le crédit. » Silence. « Les copains m'ont dit qu'on faisait ça en bonne intelligence... » Je valide ses propos par des « OK », des « *humm* » et des mouvements de tête, alors que cela m'importe si peu qu'on pense que nous faisons « ça » bien ! Je lui demande si l'on reste en contact, comme au tout début... comme les amis que nous étions. Il ne cherche pas ses mots :

« Non... avancer... c'est mieux... Refaire nos vies... On n'a plus 20 ans. On n'est plus à la fac... Passer à autre chose. »

Silence.

— Je vais dans le Jura ce soir pour prendre l'air.
— Ah sympa. Avec les filles ?
— Non, sans les filles.

Se forme entre nous ce semblant de conversation. Lui et moi sur le parking de l'office notarial. Je tiens bon. Parler comme si de rien n'était, sans émotion, sans saveur. Parler par principe. Regarder mes pieds. Parler pour repousser cet au revoir qui n'est rien d'autre qu'un adieu. Ma gorge se noue. Mon nez me pique. Putain, c'est fou.

Déjà dix mois que nous sommes séparés. Il n'y aura jamais eu d'insultes, de cris, de reproches. Les jours sont passés et ont éloigné doucement, mais sûrement, nos corps, nos cœurs, nos envies. C'est douloureux. J'aurais aimé faire autrement, mieux communiquer, lever les doutes, partager davantage, être plus claire et plus clairvoyante. Je ne sais pas comment lui vit tout cela.

Nous aurions dû nous marier en juin dernier à la Pentecôte.

Des pentes… Des côtes… La descente est rude, instable, rapide. Je ne suis pas tombée, mais mon corps prend de vitesse ma tête et mon cœur.

Bilan. J'ai trente et un ans. Je me sépare, quitte mon métier de prof pour devenir entrepreneur à plein temps, fais une croix sur la sécurité financière et retourne vivre chez mes parents. Le grand vertige ! Ce n'était pas vraiment le programme prévu. Mes amies se marient, font des enfants, construisent leur maison, partent en vacances, voyagent. Moi, j'emprunte le chemin inverse et je sens que j'entre dans un autre monde.

Je sais.

Oui, il y a pire. Je suis en bonne santé. Je ne suis pas la première à qui cela arrive. Il n'y a pas d'enfants « en jeu ».

Oui, j'entends : « Avance, garde le cap, regarde devant. » ; « Pense au boulot, c'est le plus important. » ; « Sasha, tu es une fille intelligente, courageuse, déterminée, tu vas rebondir. »

Et je sais tout ça.

Alors je souris, hoche la tête, ravale une larme sur deux et me convaincs que tout a un sens. Mais mon cœur crie de douleur, mon mental plie sous les regrets, mon égo a pris une grosse claque, et j'oscille entre doutes et courage.

2

La vie est une succession de leçons qui-
doivent être vécues pour être comprises.

Helen Keller

27 septembre 2020

180 kilomètres de diapositives.

C'est le même rituel depuis quinze jours. Avant d'éteindre la lumière, je fais défiler les photos de mon périple. Je note quelques informations factuelles — kilomètres, dénivelés, temps de marche — et puis les souvenirs se forment devant mes yeux.

Mon cerveau, mes muscles, mon cœur ont enregistré tout ce que j'ai traversé durant huit jours. Sur le moment, la fatigue physique et mentale l'avait emporté sur la réflexion, l'envie d'écrire, d'analyser, de comprendre ce que je vivais chaque jour. J'étais pleinement dans le moment présent, sans volonté de décortiquer.

Être là, avec les gens que je rencontrais pour un jour ou pour plusieurs.
Être là, dans ces paysages grandioses, dans cette immense bulle hors du temps, alimentée par chaque randonneur.

Depuis que je suis rentrée, chaque nuit, je rêve de trek ou je cherche la fermeture éclair de ma tente verte. Je souris. Je me sens bien dans cette bulle corse, j'y suis toujours d'ailleurs. Mais doucement, j'atterris. Ce soir, il me semble que je suis prête à digérer, à intégrer. J'ai envie d'écrire. Je dialogue avec moi-même, avec les photos, avec les souvenirs, ceux d'hier et d'un peu plus loin, les douloureux comme les plus fiers. Toute expérience a un sens, un enseignement à transmettre. Écrire s'impose désormais comme une nécessité pour éclairer le chemin parcouru, en saisir le sens et valider ce nouvel état d'être.

Depuis deux ans, ma vie ressemble à un petit tas de pièces détachées, comme dans un puzzle. Sans vraiment que ce soit conscient, la nature, la randonnée et le trek sont devenus mes refuges, un moyen d'évasion, mais aussi un point d'appui, un espace de sécurité. Ils m'ont permis de me projeter quand tout autour de moi n'était qu'incertitude. Aussi souvent que je le pouvais, mon sac sur le dos, mes nœuds au cœur et aux chaussures, je fuyais l'ennui, le vide et les doutes au milieu de mes montagnes auvergnates. Les kilomètres parcourus m'aidaient, sans que je ne m'en rende compte, à remettre un pied devant l'autre dans chaque domaine de ma vie, pour écrire activement la suite de mon histoire.

Je commence enfin à comprendre pourquoi, un mois auparavant, j'avais noté sur un post-it :

« Et si le GR20 était un aboutissement ? »

Un message envoyé à qui voudra l'entendre : « Je suis prête pour la suite. »

Dès que vous aurez l'audace de croire à l'invisible, votre réalité changera.

Jen Sincero

Il y a quelques mois, seule au milieu des Pyrénées-Orientales, en posant ses yeux sur ce bois marqué de hiéroglyphes, elle a capté pour la première fois le langage du Monde. Dans la solitude de ce moment de vie, la suite de son chemin fut une reconnexion profonde à son âme, à l'essence spirituelle de l'être humain. Ouvrir ses sens au Tout, au plus grand que soi, aux signes qui guident et permettent à l'être qui ose les suivre de s'aligner, de se réaliser, de vivre en harmonie avec soi, les autres et la Nature.

Je ne lui ai pas évité les tourbillons d'émotions et les errances. Elle devait faire l'expérience du fond, de son besoin de tout contrôler, dans son corps, dans ses choix.

Je l'ai soutenue silencieusement à travers le vent, l'eau, les oiseaux, les arbres, les étoiles, le feu… Je l'ai accompagnée vers un autre mode de compréhension de la vie, de l'être humain, interconnecté, interdépendant et autonome à la fois.

Je l'ai aidée à se connecter à sa boussole intérieure. Reconnaître ce qui vibre, tend, crispe, épanouit, pousse, crée. Suivre son intuition, son instinct, son cœur en confiance. S'orienter.

Son regard s'est ouvert sur elle-même, sur ses parts les plus sombres, sur sa lumière intérieure, sa sensibilité, sa puissance, son rayonnement autant que sur la force de la vie et l'immensité des possibles.

Au sommet des montagnes qu'elle gravit, j'entends ses pensées :

« J'aime l'effort. Avoir le souffle court, sentir mes muscles se contracter, mon cœur battre. Je me sens en vie. Et puis… il y a tout ça, tous ces sommets face à moi, comme autant de nouvelles possibilités. »

Elle apprivoise la solitude depuis bientôt deux ans. Les bouleversements vécus dans sa vie sentimentale ont fortement impacté sa vie sociale. Ces derniers mois, elle s'est repliée sur elle-même et la nature. Partir seule n'est pas une fuite. Ce temps d'isolement permet de se regarder dans toutes ses parties. Apprendre à vivre avec soi-même, pour vivre sereinement, sans peur, ni dépendance. Cette aventure est une occasion pour elle de renouer avec l'extérieur, de sortir à nouveau de son cocon. Les Éléments me serviront cette fois-ci à créer les conditions de son aventure corse. Je prendrai corps dans des écrits, des gestes, des rencontres humaines.

C'est une grande expérience qu'elle se crée. J'ai entendu sa demande : « Je suis prête pour la suite. »

Allons-y !

Oui ? Vous vous demandez qui je suis…

Moi, c'est l'Univers.

3

J'accepte la grande aventure d'être moi.

Simone de Beauvoir

1er août 2020

Prendre la décision ! C'est à cet instant que tout commence. Je vais faire le GR20. Je ne sais pas quand, mais j'y pense tous les jours. Ça va bien finir par se caler. Septembre, peut-être ? J'ai vraiment envie… À moins que je n'en aie besoin ? Je suis prête à aller me frotter à ce mythe, l'itinéraire de Grande Randonnée qui traverse la Corse du nord au sud ou du sud au nord, c'est un peu comme on veut !

4 août 2020

Suis-je capable de faire le GR20 seule, en six ou sept jours ?

L'été dernier avec Elena, nous avions longuement hésité entre deux destinations de vacances, deux îles, deux ambiances : découvrir l'Irlande du Nord ou réaliser le GR20 ensemble. Notre choix final s'était porté sur l'Irlande, le GR20 ne serait que partie remise. Mais cette année, faute de vacances communes, nous ne pourrons pas non plus nous rendre en Corse toutes les deux.

Aussi souvent que possible, nous essayons de créer ces temps de partage, d'exploration, de rire, de sport, entre amies, en duo, en trio ou tout le groupe réuni. Elena, Julie, Soline et moi avons déjà partagé une décennie d'amitié, de vie, de joies, de tristesses. Mon cœur s'agite. Je suis privilégiée d'avoir ces amies-là. Par période, le rythme et les priorités de chacune allongent ou resserrent nos liens. Nous sommes loin, réparties sur la colonne vertébrale de la France et pourtant si proches, reliées par des fils invisibles, soutenants et fidèles.

L'amitié se révèle pleinement dans les moments difficiles. Il leur avait fallu une semaine à peine pour débarquer dans un « chez-moi d'urgence » déniché rapidement après ma séparation. Je ne pouvais plus vivre en colocation dans notre maison, parler partage de meubles, agence immobilière et être à l'affût d'un regard, d'un signe, d'une attention.

Je les revois arriver en Twingo depuis Paris, machine à laver dans le coffre ! Nous nous étions retrouvées, toutes les quatre, agglutinées dans ce nouvel appartement minuscule, un week-end pluvieux et sombre de janvier 2019. Leur présence était venue adoucir cette transition un peu rude. Nos sourires avaient posé un baume sur mon cœur, l'espace d'un instant.

Depuis, l'eau a coulé sous les ponts ! La mise en vente de la maison, le marathon de Paris, le dernier pot de fin d'année au collège, avant de troquer chronomètre et survêtement contre une table de thérapie manuelle, le retour au domicile parental, un coaching pour entrepreneur, une nouvelle formation et bien sûr, la randonnée, toujours présente tel un fil rouge.

Partir marcher en Corse cet été avec Elena aurait été plus confortable. Appréhender l'inconnu à deux permet de partager les bons moments autant que les peurs. Pourtant, je ne ressens aucune frustration face à la situation. J'ai besoin de me lancer, là, maintenant, toute seule, de parcourir les cent quatre-vingts kilomètres de l'Île de Beauté. Je réfléchis à une traversée en sept jours. Ce projet est très challengeant, mais il me semble réalisable. Plus qu'une décision, une évidence. Le besoin de m'engager est plus fort que toute barrière mentale. Il naît d'une sensation sincère, une intuition qui ne se justifie pas, mais se met en acte, en mouvement. Un « je sens » qui se vit. Ma boussole intérieure, mes ressentis corporels et émotionnels me montrent le cap. Les émotions, en tant que forme d'intelligence, trouvent leur place très lentement dans notre culture et notre éducation. Elles sont pourtant de puissantes ressources pour soi et le bien vivre ensemble, salvatrices lorsqu'elles sont écoutées et prises en considération, submergeantes si elles sont rejetées, mises sous le tapis. Manifestations corporelles, réactions internes (hormonales, viscérales, électriques), les émotions ont, par le corps et l'organisme, une voie royale d'expression. « Émotion » : nom commun issu du latin, ex-*movere* signifie « mettre en mouvement, ébranler, en réponse à un stimulus extérieur ». Les émotions sont une plongée dans un océan de mouvements plus ou moins intenses, une vague qui naît à l'intérieur — une secousse, un élan, une réaction — invitant à un mouvement extérieur : une décision, une action, un repositionnement afin de retrouver l'équilibre du corps, du cœur. Je suis en colère. Ai-je besoin de reposer mes limites, de passer à l'action ? Je suis triste. Ai-je besoin d'être consolée, soutenue, de faire un deuil, de prendre du temps ? J'ai peur. Ai-je besoin d'être sécurisée, d'y voir plus clair, de retrouver de la confiance, de m'éloigner ?

Je suis excitée par ce projet, mais mon cœur se serre d'une peur vague. Beaucoup de questions se bousculent quant à mes capacités et l'organisation d'un tel périple. Quelle est la nature de ma peur ? Un pas en arrière face à l'intuition d'un danger ? Une prise de recul pour un plus grand élan ? Ma peur ne me paralyse pas, mais elle est suffisamment conséquente et engageante pour donner de la valeur à ce nouveau pas que je veux faire. Nelson Mandela a dit : « Le courage n'est pas l'absence de peur, mais la capacité à la vaincre. » À cela, un anonyme a ajouté : « c'est de juger que quelque chose est plus important que la peur ». Ces mots me prennent aux tripes.

Je pense avec tendresse et admiration à mon neveu de quatre ans m'expliquant ce qu'est le courage pour lui. Au milieu de la forêt, j'avais suivi du coin de l'œil son engagement sur une petite pente qui lui faisait peur, jusqu'à ce qu'il m'interpelle :

— T'as vu Tata ? Je suis parti de là. Je suis passé là. Là, j'ai plus peur.

— Oui, tu as été très courageux. Tu sais ce qu'est le courage ? lui avais-je demandé après un court instant de silence.

— Oui je sais. C'est quand la peur est là (il me montre ses genoux), et que moi je suis là (il met sa main au niveau de son cœur). C'est maman qui a expliqué à moi.

Je suis parcourue d'un sentiment d'amour pur et divin devant cette spontanéité enfantine. Non, le courage, ce n'est pas l'absence de peur. C'est être capable de lui faire face et de la dépasser. Choisir le courage plutôt que la peur... Prendre une décision, l'assumer, l'incarner.

Et preuve qu'une décision est déjà un acte important et symbolique, définir mon projet « GR20 » connecte des notions importantes à mes yeux — l'amitié, le courage, la responsabilité d'agir, l'intuition, les émotions — et convoque en même temps une foule de souvenirs.

Je me remémore un troisième moment vécu il y a quelque temps. Aux bouleversements personnels s'était ajouté, à la même période, un changement de vie professionnelle. Pensé et organisé depuis plusieurs mois en amont, ma situation de couple, jusqu'alors favorable, m'offrait l'idée d'une transition plutôt sereine. Il en fut tout autre, sans pourtant renoncer à faire ma demande de mise en disponibilité et de développer mon activité de thérapeute à plein temps. Ce changement, vécu comme un grand saut, relevait lui aussi d'une évidence, malgré toutes mes craintes et le sentiment de solitude intense que je vivais à ce moment-là.

Durant mes derniers jours d'enseignement, j'avais eu l'occasion d'échanger avec mes élèves de terminale. Nous allions célébrer ensemble la fin de trois cycles : le parcours de trois années d'option EPS vécues avec eux, leurs années « lycée » et mon métier d'enseignante.

Vincent :

— Ça ne vous plaît plus d'être prof ? Vous vous êtes trompée de voie ?

Je répondis à Vincent que même si mon envie d'accompagner les jeunes persistait, ce métier ne me convenait plus aujourd'hui. Le cadre proposé par l'école n'était plus en accord avec mes valeurs et la manière dont je souhaitais travailler. Je soulignai que j'avais aimé être avec les élèves, les voir évoluer au fil des années, créer des projets extrascolaires, animer l'association sportive. Je fus vraiment heureuse d'accompagner tous ces jeunes de onze à dix-huit ans à gagner en confiance, à s'intégrer à un groupe, à assumer leur image, leur personnalité.

Alexandre :

— Qu'est-ce que ça vous a apporté d'être prof d'EPS ?

Avec beaucoup de reconnaissance pour cette mission de dix années, je dressai à Alexandre une large liste de toutes les portes qu'elle m'avait ouvertes. J'avais beaucoup appris sur moi, sur les relations humaines et la dynamique de groupe, sur le rapport aux émotions, au corps, à la performance, au regard de l'autre, au regard sur soi, sur l'encouragement, la confiance, la positivité, sur l'importance de l'EPS à l'école ! J'avais surtout compris que l'intelligence émotionnelle est LA base pour apprendre à bien se connaître, se respecter, se faire respecter et respecter les autres et leurs besoins.

Plusieurs élèves du groupe s'engageraient dans un cursus STAPS à la rentrée prochaine, dont Alexandre. Je leur expliquais ma vision de l'enseignement vécue comme une relation d'échange. Il s'agissait d'abord de créer les conditions favorables à l'apprentissage et accompagner les élèves dans leur développement physique, émotionnel, social. Et de manière moins explicite et formelle, chaque élève, chaque classe m'apprenait quelque chose à son tour, faisait naître des réflexions, évoluer mes perceptions.

Anne :

— Et pourquoi thérapeute ?

Je présentai brièvement à Anne mon parcours, en précisant que ce métier s'était imposé de lui-même sans que je m'en aperçoive. Après mon CAPEPS, j'avais vécu un début de doctorat très laborieux. Mon travail de recherche en master avait été passionnant, mais je m'étais ensuite confrontée à un sujet de thèse qui ne me motivait pas, à un contexte professionnel moins favorable, et à un réel manque d'élan et de joie. Tout le travail à faire était devenu une corvée. Pourtant, je ressentais le besoin d'apprendre et d'explorer d'autres domaines que l'enseignement de l'EPS. À la fin des vacances d'été, sonnant mon retour en Île-de-France, le cœur lourd, j'avais retenu la proposition de mon ostéopathe : « Une nouvelle promotion ouvre ses portes à la rentrée si tu es intéressée. » Je me souviens avoir peu réfléchi, attirée par le calme et le silence des séances qui contrastaient avec les cours d'EPS. Je partageai à Anne mon enthousiasme à vivre cette formation pendant quatre ans. Mehdi me demanda comment j'avais géré le travail et la formation en même temps. Je lui expliquai que mes séminaires se tenaient durant trois jours tous les deux mois. Mon chef d'établissement m'avait accordé des reports de cours pour que je puisse m'y rendre. J'admis que certaines semaines furent un peu chargées, tout en insistant sur le fait que les efforts choisis ne sont pas aussi lourds à supporter que lorsqu'ils sont subis. Je n'avais pas plus d'explications concrètes à fournir à Anne, si ce n'est que ce cursus de formation m'avait ouvert de nouvelles portes, une nouvelle sensibilité et manière de comprendre la relation à l'autre et à la vie. Tout cela avait imprégné grandement ma posture d'enseignante et avait fait naître des incohérences entre la manière dont je souhaitais accompagner les jeunes et le cadre scolaire qui me semblait trop étroit et dépassé. En partageant mon parcours sinueux, il m'importait d'illustrer à mes élèves la nécessité de s'autoriser à changer d'avis, de voie, de direction. Je ne leur cachai pas que ces phases furent parfois inconfortables : un sentiment d'échec de ne pas aller au bout d'un projet, des doutes, une peur de décevoir, aussi. Consciente d'avoir eu un entourage compréhensif et soutenant, j'insistai quand même sur ce dernier point : finalement, la seule personne à ne pas décevoir est soi-même.

Joris :

— Il faut vraiment du courage pour changer comme ça, surtout lorsqu'on est prof d'EPS. Il y a les vacances, et puis c'est cool comme métier.

Je répondis à Joris en soulignant que malgré notre large différence d'âge, nos questions étaient les mêmes. Nous étions tous face à notre avenir, en train de définir l'orientation qu'il prendrait. J'espérais, par–là, que mes élèves saisissent que nous étions en perpétuelle évolution tout au long de notre vie. En toute transparence, je lui précisai que l'administration m'avait demandé de faire un choix à l'issue de mes trois années de temps partiel : fermer mon entreprise ou poursuivre mon activité et faire une demande de mise en disponibilité. J'avais déjà pensé arrêter à la fin de l'année précédente, mais je n'avais pas franchi le pas. Ce n'était pas le bon moment. Peur de l'inconnu ou besoin d'apprendre encore de l'enseignement, des élèves ? Les deux sûrement. En tout cas, je sentais que j'arrivais au bout de cette expérience. J'avais le courage nécessaire pour faire le pas. Je lui précisai que l'idée de devenir une prof aigrie, venant à reculons et trop distante des élèves, m'était inacceptable ! Il acquiesça sans retenue !

Il me tenait à cœur d'échanger avec mes élèves autour des notions de choix, de plaisir et d'effort, de réussite et d'épanouissement.

Mais que veut dire réussir ? Quelles valeurs entendons-nous derrière ce mot ? Qu'est-ce que bien gagner sa vie par exemple ? Je leur demandai ce que signifiait pour elles et eux : « bien gagner sa vie ».

Alec :

— Bah je sais pas... En termes d'argent ?

Ali :

— Pour moi, c'est gagner assez d'argent pour vivre assez bien. Réussir sa vie, c'est faire un métier que tu aimes. Alors que bien gagner sa vie, tu peux très bien le faire, mais en faisant un boulot que tu n'apprécies pas.

Jim :

— Moi j'ai envie de faire un métier qui me plaît, mais j'ai envie de profiter de la vie aussi. Pour certains, c'est « boulot, boulot, boulot » tout le temps.

J'appuyai les propos d'Ali en développant cette expression. « Bien gagner sa vie » pouvait être, en effet, perçu d'un point de vue quantitatif : « j'ai l'argent nécessaire pour répondre à mes besoins de consommation » ; et d'un point de vue qualitatif : « je remplis mon temps avec des activités, un métier, des relations qui me nourrissent, m'épanouissent ». Réussir sa vie ne pouvait plus se restreindre à un statut social ou à un niveau de salaire. Les notions de bien-être, d'épanouissement, d'équilibre avaient de plus en plus leur place.

J'invitai celles et ceux qui le souhaitaient à partager leur choix d'orientation.

Rémi :

— C'est pas facile de savoir exactement ce que l'on veut faire. J'ai choisi fac de maths, mais je ne suis pas sûr. Je ne sais pas quel métier j'ai envie de faire.

Julia :

— Moi, je pars un an aux États-Unis. Je vais être fille au pair. Je verrai après.

Louis :

— Et bien moi, le bac, je ne vais pas l'avoir, donc pas le choix ! J'aurais un an de plus pour réfléchir !

Julien :

— Bienvenue au club !

Mehdi :

— Moi, je fais STAPS l'année prochaine. J'aimerais bien être prof d'EPS. Mais je sais que le concours est difficile.

L'hésitation, la peur de « perdre » une année, la peur de ne pas réussir, le contexte sociétal, la peur des parents pour leur enfant, et tout simplement le fait de ne pas savoir, avoir besoin de temps sont autant de pressions que les jeunes ont à gérer.

En écoutant mes élèves, en les observant, je m'étais mise à penser à mes propres années « lycée ». Je leur confiai quelques souvenirs. Quand je levais la main pour donner une réponse, mon cœur battait aussi fort qu'après un sprint. Je leur avouai que prendre un rendez-vous par téléphone était un défi. Je parlais tout doucement. Je marmonnais dans ma barbe. Jamais, en classe de terminale, je ne m'étais imaginé prendre la parole avec assurance devant un groupe de trente jeunes adultes et pourtant j'avais envie de devenir professeur d'EPS. J'avais l'habitude d'entraîner des petits groupes de jeunes enfants dans un club sportif. J'arbitrais aussi. Si m'exprimer clairement devant des adultes et de grands groupes avait été une épreuve ni facile ni confortable pendant longtemps, j'étais bien devant eux aujourd'hui. J'avais envie de leur clamer haut et fort de croire en eux, en leurs ressources connues et inconnues, en leurs rêves et leurs envies, peu importe les étiquettes et les projections que l'on avait sur elles et sur eux. Figer un caractère et le projeter tel quel pour les années suivantes en se demandant bien comment on va faire pour trouver sa place, s'en sortir, se faire entendre, c'est un mur que l'on place entre soi et ses rêves. Et il pouvait même être intéressant de saisir quelles qualités et compétences pouvaient aussi bien se cacher derrière certains de leurs « défauts » régulièrement rapportés. Une aisance à attirer l'attention, à animer, à observer... Une qualité et un défaut ne sont que les deux plateaux d'une même balance.

Je redemandai à Mehdi s'il voulait devenir prof d'EPS, là, à cet instant précis. Est-ce que l'idée lui procurait de la joie et se sentait-il prêt à s'engager pleinement dans ce cursus ? Il me répondit que oui. À mon sens, il ne fallait pas se poser plus de questions. Il m'était important de leur transmettre l'idée qu'un choix dure un an, dix ans ou quarante-deux ans, la réponse aux questions devait prioritairement se faire au présent. Qu'est-ce qui m'anime aujourd'hui ? Qu'est-ce qui me fait vibrer ? Qu'ai-je envie d'approfondir ? Qu'ai-je envie de découvrir ? Quels sont mes besoins à cet instant ? Si un choix ferme nécessairement des portes, il en ouvre aussi. Des portes et des voies parfois insoupçonnées.

Je pouvais leur confirmer aujourd'hui que mon changement professionnel était tout sauf un échec. Au fil de mes années universitaires, j'avais ressenti un vertige lorsqu'il fallait se spécialiser un peu plus chaque fin de semestre. J'avais la désagréable image d'un entonnoir, réduisant mes possibilités à un seul métier pour toute ma vie, un seul avenir.

Avec le recul de ma transition professionnelle, ma perception de l'orientation avait largement évolué. Études, métier, activités extrascolaires et extra-professionnelles sont au même niveau : des espaces d'apprentissage et d'expérimentation, des étapes, des expériences de vie, un tremplin pour la suite. La vie n'étant pas un exercice, il ne devrait y avoir ni réussite ni échec. Nous faisons des expériences à partir d'opportunités qui se présentent à nous. Elles sont des étapes, et non des finalités.

— Du coup, on quitte tous le lycée dans deux semaines ! s'était exclamée Valentine.

— Eh oui Valentine ! Vous, à dix-sept ou dix-huit ans et moi, à trente et un ans ! lui avais-je répondu, amusée.

— Fini les vacances scolaires ! me défiait Joris. Pour moi aussi ! Je travaille tout l'été en colo.

— On va vous manquer, j'espère ? m'avait demandé Romain

— Évidemment ! Il y a bien eu des moments où vous avez été pénibles, n'est-ce pas ?! Mais j'ai sincèrement apprécié ces trois années que nous avons passées ensemble. De « l'école », les projets et les liens qui se créent avec les élèves seront certainement ce qui me manquera le plus, avais-je répondu, émue devant ces vingt-cinq regards, croisés chaque semaine, pendant trois ans.

L'essence de mes deux métiers n'est pas si éloignée... Le corps, les émotions, la relation à soi, à l'autre, le mouvement, la connaissance de soi. Le tsunami du changement de vie se calme au fil des mois. Il me semble baisser la garde, accepter plus sereinement l'incertitude.

Je ferme les yeux. Je me vois à Conca, l'extrémité sud du GR20, sous la célèbre plaque à l'arrivée. « Vous voici au terme de votre odyssée... » Odyssée d'un trek, d'une vie. L'image est kitch, mais elle m'émeut. Elle m'apporte déjà la fierté de l'effort accompli.

Je pars en Corse. La décision est prise. 30 août - 6 septembre. Je prépare quelques SMS pour mes amies. Un objectif annoncé est plus facile à tenir. Le départ est dans trois semaines...

15 août 2020

Je me documente.
Renouvelle mon matériel.
Me prépare.
Me projette.
Échange sur les réseaux sociaux autour du GR20.
M'appuie sur le soutien de Joan.

Ce gars, il est à part dans mon cœur. Nous nous sommes rencontrés par hasard, grâce à une publication postée dans un groupe de montagne, l'été dernier. J'organisais un trek pour Camille, ma sœur, son premier. Joan m'avait proposé spontanément son aide, connaissant bien la vallée des Merveilles, ce fabuleux site du Mercantour.

Un peu sauvage, sans filtre, sensible, il m'a offert le goût de l'instant présent, l'élan d'aller plus loin, de croire en moi. Je lui ai apporté ma douceur, ma capacité à voir derrière les masques et à croire en lui. On formait un drôle de binôme, s'accompagnant de loin, pour digérer nos histoires avec toute l'ambiguïté de nos connexions. Toute cette année, il était là, à sa manière, quand j'en ai eu besoin. Avec ses mots, toujours honnêtes, francs, sans détour, soutenants, il a su me dire au bon moment : « crois en toi », « allez, mets juste un pied devant l'autre, et le reste suivra ». Ses phrases sont ancrées en moi et continuent de me porter.

J'ai peur. Les doutes m'assaillent. En 2014, je me souviens que chaque jour, à quinze heures, alors que j'étais à l'abri dans les refuges corses, des orages éclataient. Si je pars sur une base de sept jours, à quinze heures, je serai encore en train de marcher...

> **Joan**
> Pourquoi as-tu peur ? Qu'est qui est différent ? Tu sais faire, tu as l'habitude maintenant.

> **Sasha**
> Je crains de ne pas savoir quoi faire s'il y a de l'orage... Les crêtes, les horaires, et techniquement, c'est de la haute montagne...

Je sais qu'il réfléchit à toutes les possibilités, mais il évite les suppositions inutiles. Discussion close. Avancer. Sa conviction me donne une nouvelle fois l'élan nécessaire pour prendre conscience de mes ressources et avancer en confiance. Chacun construit un itinéraire de son côté et on échange quand on a le temps. Et le temps passe vite. J'oscille entre peur et impatience, entre interrogations et certitudes. Sept jours. Et si je n'y arrivais pas ? Je sens la pression monter en moi.

Après quelques jours de remplacement d'un collègue dans le Lot, je décide de prolonger ma présence ici, dans une maison d'apiculteur, toute seule. Deux jours pendant lesquels je lis, j'écris, je pleure.

Pourquoi est-ce que je le fais en sept jours ? Pourquoi est-ce que je m'ajoute cette difficulté ? Qu'est-ce que ça fait si je ne réussis pas ? Qu'est-ce que je cherche ? Prouver.

Au détour de quelques pages noircies dans mon journal, j'accepte enfin de voir ce que je cherche dans ce projet engageant.

Je pensais avoir une vie normale, sans embûches, qui se déroulerait sans grands bouleversements. J'ai tout installé progressivement, bien géré les transitions. Mais tout s'est accéléré. Tout s'est mis à bouger fort, se retourner, s'écrouler, et en même temps se bâtir.

Je lève la tête et fixe mon reflet dans le carreau de la porte vitrée. Je sens que mon écriture se durcit et me dépasse. Le stylo ne se lève plus, les mots s'enchaînent vite.

Pourquoi fuis-tu ? Que veux-tu prouver ? À qui ? Que tu es capable de faire les choses seule ? Que tu as du mental, que tu es autonome et que tu n'attends personne ? Tout le monde le sait ! Tu le sais ! Pourquoi as-tu encore besoin de cela ? Tu ne pars pas faire le GR20 dans le pur plaisir du défi, mais tu y vas pour démontrer une nouvelle fois : « Le monde, regardez, je suis seule, mais je ne me laisse pas submerger. » Alors que tu es submergée par ta solitude. Oui tu bosses beaucoup pour retrouver ton autonomie et c'est super. Tu peux être fière de ce que tu mets en place pour avancer. Tu le fais pour toi... Mais le reste, le fais-tu aussi pour toi ? Tu communiques sur les réseaux sociaux pour chercher à prouver que tu acceptes tes défauts, tes galères, ta solitude, tes aventures, mais punaise, À QUI AS-TU BESOIN DE PROUVER CELA ? À QUI, SI CE N'EST À TOI-MÊME ? TOUT LE MONDE S'EN FOUT AU FOND, CAR CHACUN A SA VIE ET CE QU'IL EN AFFICHE. ALORS À QUI AS-TU BESOIN DE PROUVER QUELQUE CHOSE ? À QUI LE DOIS-TU SASHA ? À QUI... Tu demandes aux autres d'être témoins de ton chemin intérieur, de le valider par des cœurs. Tu justifies ta vie, ta reconversion, ta séparation, tes attentes. Sasha, ta vie est ainsi, un enchaînement d'évènements plus ou moins douloureux, exaltants, agréables. Prends comme ça vient, cesse de te battre contre ce qui n'est pas encore là. Vis, intensément, pour toi. Tu sais que tu n'as plus rien à prouver. Tu es capable de TOUT. La montagne te l'a dit très tôt et la vie te l'a fait expérimenter. Alors MAINTENANT, FAIS, pour le plaisir de vivre, et

> pas celui de prouver. Tu veux te dé-
> passer. Oui, pour le plaisir, pas dans
> une sorte de justification de ta force
> physique, mentale, sociale.

L'écriture s'arrête d'un coup. Je reprends conscience de mon environnement. Les larmes coulent aussi fort que les mots se sont couchés sur le papier. Je suis épuisée de sanglots, de cette douleur qui est installée depuis tant de mois et que j'évacue par petites doses, sans savoir si cette fois, ce sera suffisant. Mais comme le calme qui suit la tempête, une sorte d'apaisement s'installe dans mon cœur.

« *Repose-toi* », me dis-je dans un murmure intérieur.

20 août 2020

Les jours passent vite, et le départ approche. Je suis très occupée par mon travail au cabinet, l'organisation des remplacements, ma formation, les commandes à récupérer. Dans sept jours, je retourne en formation. Dans neuf jours, je suis dans le ferry. J'ai l'impression de ne pas toucher terre.

Je reçois la carte IGN. J'ai enfin une vue d'ensemble de l'itinéraire, des variantes, du relief. Je suis toujours le groupe GR20 sur Facebook. Je visionne quelques vidéos des premières étapes pour lever un peu le voile de l'inconnu. Plus je m'imprègne de cette aventure, plus je me sens prête. Je n'ai jamais autant préparé une itinérance.

Je gagne doucement en sérénité, comme si déjà tout se mettait en place. Je m'offre les meilleures conditions possibles. Le reste appartient au hasard de la vie, de la nature, de la montagne.

Voici bientôt un an que je suis retournée dans le cocon familial. Mes parents m'ont accueillie avec discrétion et bienveillance. J'ai beaucoup de reconnaissance. Pour autant, reprendre ma chambre d'enfant à trente et un ans n'a pas été simple à vivre. Quelle est ma place ? Pourquoi ai-je cela à vivre ? Je me revois en avril dernier entre mes deux parents aimants, devant mon gâteau d'anniversaire. Je n'ai pas réussi à prendre du recul, à dédramatiser ce moment. Je me voyais là, comme une enfant, traversée par une grande confusion : rester l'enfant de ses parents, s'affirmer comme une adulte, être la fille de, être une femme, devenir une mère...

Mon engagement à la montagne me permet d'affirmer progressivement ma personnalité, mon individualité, l'adulte que je suis. M'émanciper tout simplement. M'affranchir d'une dépendance, prendre des libertés, rompre avec les contraintes morales et sociales. Tout un chemin ! Longtemps, je cachais mes sorties solitaires en montagne, pour ne pas inquiéter, ne pas être déstabilisée par les questions et les « ce n'est pas très prudent ». Je comprends aussi, avec le temps, que poser des mots évite à chacun d'imaginer les pires scénarii. C'est dans le brouillard mental et émotionnel que se créent les plus grandes inquiétudes. Allumer une lumière permettant à chacun de se situer est tout l'intérêt de l'explication. Les vacances en Corse sont une opportunité d'assumer mes choix, ma position. Je laisse traîner, par-ci, par-là, une carte, un colis, un programme.

Lorsque ma mère me le demande, je lui réponds que je pars en Corse et devant son silence j'enchaîne :
— Je vais faire le GR20 !

Elle laisse échapper son étonnement :

— Comment ça, toute seule ?

— Oui, toute seule.

Et je tente de la rassurer :

— Il y aura sûrement du monde sur le chemin, mais je pars seule.

Silence encore.

Je clos la discussion en faisant appel à sa confiance :

— Je sais ce que je fais.

J'entends que partir seule à la montagne n'est pas prudent. Il y a une prise de risque en cas d'accident. Alors que faire ? Attendre d'être accompagnée ? Le temps avance quoi qu'il en soit. Il avance même si je suis à l'arrêt, si je cours, si je coule, si je suis seule ou si je suis accompagnée. Il avance indéniablement. Je ne veux pas subir, le temps qui passe, les regrets, l'attente. Je veux choisir comment vivre ce temps qui avance. En conscience, librement. Je mesure les risques objectifs et subjectifs. « Former un citoyen cultivé, lucide, autonome, physiquement et socialement éduqué. » Ces mots résonnent comme une devise universelle. Ils sont la première phrase des programmes officiels d'EPS. S'ouvrir, découvrir, se perfectionner, se connaître, prendre de la hauteur, questionner, bien vivre avec soi-même, avec les autres, avec la nature, ses risques et ses bénéfices...

Lorsque je vois Killian Jornet courir sur des arêtes vertigineuses, je perçois une prise de risque immense. Mais cette appréciation « immense » est purement subjective. L'échelle du danger est relative aux compétences, connaissances, expériences de chacun. La sécurité s'exprime par des actes. Se préparer, bien se connaître, être lucide sur ses capacités, s'informer sur les conditions extérieures, sont autant d'étapes permettant de créer un environnement favorable et sécuritaire à toute activité. Le reste appartient au destin.

Je sais ce que je fais, ce dont je suis capable aujourd'hui, ce qui est bon pour moi, mais ce n'est pas toujours simple de le verbaliser, de l'incarner et de l'assumer devant des figures d'autorité. J'ai envie de dépasser le rapport entre la petite fille et ses parents, celle qui ne veut pas bousculer, celle qui répond aux attentes, aux peurs, conscientes et inconscientes, de ses parents. Je ne me rends pas compte de la peur viscérale ressentie par les parents, par une mère pour son enfant. Non, je ne suis pas mère. Être parent est une sacrée mission. Une mission sacrée, devrais-je dire. Accompagner, transmettre des clés pour grandir, faire du mieux possible tout en acceptant que l'enfant, devenu adulte, choisisse de se séparer de certaines clés, d'en fabriquer de nouvelles. Voici l'amour inconditionnel des parents.

Pour l'adulte que je deviens, il s'agit d'assumer une autre façon de faire et de penser, non par principe, mais parce qu'elle me correspond. Cela ne revient pas à dire « ce que vous m'avez inculqué est bien ou mal ». Ce n'est pas non plus rejeter mes parents, ne plus les aimer. C'est seulement choisir ce qui est bon pour soi, à chaque moment de sa vie, même si cela fait réagir, déplaît, crée des peurs, active des croyances. Dans cette vie, j'ai beaucoup de chance de les avoir comme parents. Ils ont leurs craintes, leur propre système de pensée, bien sûr, mais ils ont aussi une grande capacité à aimer, à nous soutenir, à nous valoriser, mes sœurs et moi. J'ai vraiment beaucoup d'amour pour mon père et ma mère et je me sens aussi complètement aimée, quels que soient mes choix et mon mode de vie. Plus je me défais des conditionnements intérieurs, plus je ressens cet amour sincère. Se détacher des croyances et des conditionnements n'est pourtant pas une mince affaire.

Le GR20 m'offre une première clé : m'affranchir de mes propres croyances sur « l'enfant parfait en recherche d'amour et de sécurité » et assumer une posture d'adulte, qui n'a plus peur d'être rejetée pour ses choix, qui trouve l'amour et la reconnaissance avant tout en soi. Mais, point trop n'en faut, je ne m'épanche pas plus sur les détails et encore moins sur mes propres inquiétudes !

C'est avec une grande légèreté, ce jour, que je monte les marches de cet escalier de vie. Thématique du jour : se positionner.

22 août 2020

J'allais oublier... Je viens de trouver mon prochain appartement. Libre à mon retour de Corse ! Ouiiiiiiiiii ! Je le cherchais depuis des mois. Enfin, non ! Si je suis honnête, je cherchais sans conviction, freinée par le confinement, mon activité en dents de scie, mes revenus instables.

Et puis, des collègues m'ont proposé des remplacements pour compléter mon emploi du temps.

Et puis, j'ai défini clairement ce que je voulais et ne voulais pas. Hors de question de me retrouver à nouveau dans un espace sombre et déprimant.

Et puis, j'ai fait confiance, à l'Univers, à moi aussi peut-être, je ne sais pas. Je trouverai les moyens d'assumer mon loyer. Qu'est-ce que je risque ...?

« Sasha, lâchez vos vertèbres et vos crânes quelques minutes. J'aurais besoin de votre réponse pour la location de
l'appartement. Bonne soirée »

Mon futur propriétaire me faisait confiance aussi. Il choisit
ses locataires à l'instinct, suit son intuition. Il mise sur son
flair de commercial et d'entrepreneur. Il ne me demande ni
bulletin de salaire ni garants. Seulement de prendre une décision ce soir. Je me lance. Je suis sa prochaine locataire.

Ce que tu penses, tu le deviens.

Ce que tu ressens, tu l'attires.

Ce que tu imagines, tu le crées.

Bouddha

Il y a ce que l'on pense vouloir et ce que l'on veut réellement.
Il y a ce que l'on veut et tout le chemin nécessaire pour l'obtenir.

Jusqu'à maintenant, elle n'était pas prête à quitter la maison familiale. Sécurité affective, sérénité financière, elle avait besoin de ce cadre pour se reconstruire et faire avancer ses projets professionnels.

Pourtant, pour son mental, reprendre son indépendance apparaissait comme une urgence, une priorité. Il y a plusieurs mois, elle avait entrepris d'être coachée pour développer son entreprise. Ne plus attendre le coup de fil ! Être proactive est une bonne chose.

« Je souhaite accompagner les porteurs de projet à se sentir bien dans leurs baskets, physiquement et émotionnellement. » La promesse définie était intéressante, mais toutes les démarches à engager lui demandaient un effort. Prendre des contacts, échanger avec les chefs d'entreprise, définir son tarif, se plier aux contraintes fortes des entrepreneurs. Elle souhaitait investir son cabinet, cesser le travail à domicile, et finalement, elle était en train d'accepter d'intervenir sur le lieu de travail de ses clients. Deux choses l'importaient : bien faire son travail et gagner suffisamment d'argent pour reprendre son indépendance, au point d'en oublier la nécessaire congruence entre ses besoins et ses actes.

Dans l'aventure Vie, il n'y a pas d'erreurs de parcours. Il y a une expérience lui ayant permis de s'entraîner, de se développer, et surtout de percevoir la différence entre résistance et fluidité. C'est un peu comme courir face ou dos au vent. Dans les deux cas, vous finirez par passer la ligne d'arrivée. La différence se fera dans l'état de forme et d'énergie avec lequel vous atteindrez votre objectif.

Au bout de deux mois, changement de cap ! Elle accepta que la cible visée ne fût pas adaptée à ses envies et besoins. Elle reprit alors son travail de définition de son « client idéal ». Connaissez-vous le « client idéal » ? C'est celui avec qui vous prenez du plaisir à travailler et à qui votre travail apporte une vraie valeur ajoutée. C'est avec lui que le temps passe vite ! Alors, « avec qui ai-je envie de travailler ? » est une bonne question professionnelle. Et pour y répondre, elle se pencha sur son parcours de vie. Qu'avait-elle traversé ces dernières années ? Quels enseignements en avait-elle tirés ? Qu'avait-elle de singulier à apporter aux autres ?

Au fil de ses analyses, elle mettait progressivement le doigt sur ce qui la faisait vibrer, là où elle se sentait pleinement légitime et compétente. Toutes les démarches sont alors devenues plus simples, sa communication plus claire. Elle incarnait son discours avec entrain et authenticité. Peu de temps était passé avant qu'elle récolte les fruits de son travail. Son réseau s'était agrandi, sa patientèle s'était développée à vive allure, et deux propositions de remplacement lui avaient été faites. Elle put alors se verser un salaire à la hauteur de ses besoins. Et tout cela dans la joie, dans la facilité, sans compromis. Elle saisissait, par l'expérience, que l'abondance, financière, sociale, etc., naît de la joie intérieure, de l'expression de l'être profond.

Mais le mental est coriace ! Elle s'inquiéta alors du fait que son salaire était principalement issu de ses remplacements. Il lui manquait une partie de la notion d'abondance ! La chamane qui l'accompagnait depuis plusieurs mois dans son cheminement professionnel lui répondit très justement :

« Et alors ? On s'en fout de ça ! L'objectif est de se développer et de se faire plaisir non ? C'est bien ce que vous avez obtenu ? Vous faites ce que vous aimez et vous gagnez suffisamment d'argent pour reprendre un appartement. Vos besoins sont comblés, non ? Ne vous arrêtez pas aux modalités. »

Eh bien oui, ses besoins étaient satisfaits, même si les conditions de cette abondance n'étaient pas celles envisagées ! Définir ses besoins et clarifier ses intentions sont déterminants pour une proactivité efficiente. Deux actions apparemment similaires peuvent mener à un chemin et des résultats complètement différents selon l'intention et l'énergie qui portent le projet.

L'Univers

28 août 2020

Joan

Ton périple corse est prêt ?

Sasha

Je crois

Je guette la météo et les interdictions.

Joan

Feu ?

Sasha

Oui

Joan

T'as fait comment pour la longue étape ?

Sasha

J'hésite à commencer lundi et rééquilibrer sur deux jours.

Joan

C'est peut-être plus sage.

Sasha

Je crois oui...

Joan

T'es prête ?

Sasha

C'est-à-dire ?

J'ai besoin de me poser pour faire mon sac correctement parce que j'en ai un peu de partout là...

Joan

Physiquement, psychologiquement ?

Sasha

Physiquement, je suis en forme. Je n'ai pas dépassé 20 km depuis longtemps par contre. Psychologiquement, ça va. J'ai l'impression de me mettre doucement en condition. C'est original, ça ne m'est jamais arrivé pour une rando. D'habitude, je n'anticipe pas beaucoup.

Joan

Oui ben faut pas non plus se mettre trop la pression hein… juste anticiper un peu.

Sasha

Oui. Je me dis que je suis capable physiquement même si les étapes me semblent vraiment ardues. Je ne pense pas aux moments difficiles et techniques pour l'instant. Je verrai une fois devant. Juste la météo. Je ne sais pas si la tente est imperméable. Pour la nourriture, je verrai au fil des refuges. Je pourrai t'écrire quand j'ai du réseau :)
Psychologiquement, il y a un élément particulier. Ce GR je l'ai fait en partie avec Jean en 2014. J'essaie de déconnecter de cette info ou de me dire que cela ferme la boucle. Je ne sais pas, mais j'y pense.

Joan

A priori, la tente est bien imperméable. Prends un grand sac poubelle au cas où. Ah mais je n'avais pas vu qu'un secteur était fermé pour risques d'incendie.

Sasha
Oui, hier.

4

Il ne s'agit pas de vivre dangereusement.
Ce n'est pas le danger que j'aime. Je sais
ce que j'aime. C'est la vie.

Antoine de Saint Exupéry

29 août 2020

Nous devrions arriver dans quelques minutes à La Joliette, le port de Marseille. Je suis en retard, comme à mon habitude ! Efficace dans l'urgence, je joue régulièrement avec le feu des aiguilles de la pendule. En partant de chez ma sœur, ma poche à eau s'est mise à fuir. En quelques secondes, mon sang n'a fait qu'un tour. Retour express dans le salon, j'ai tout déballé ! Camille m'a lancé deux immenses sacs poubelle. Accroupie, pour rassembler mes affaires autant que mes esprits, j'ai levé les yeux qui se sont posés sur la batterie externe oubliée sur un tabouret... La bonne étoile !

Mon cœur bat un peu vite, je retiens mon souffle, mon regard est rivé sur les panneaux autant que sur l'heure. Je ne peux pas rater le ferry, c'est impossible. Ma sœur conduit, je la guide. Il est hors de question que l'on s'arrête pour que mon neveu fasse pipi. Je suis dans un autre monde, celui de l'urgence de la montre, pas celui des besoins ! Camille me rappelle, choquée, qu'il n'a que trois ans !

C'est là.
Je fais stopper la voiture, fais une bise rapide à ma sœur en saisissant tout mon bazar. Et je l'entends m'envoyer un

« Bon courage, profites-en bien, sois pru… » avant que je claque la portière.

J'ai des sacs sur le dos et au bout de chaque bras. J'avance vers l'hôtesse d'accueil et capte le thermomètre qu'elle tient dans sa main droite. Il ne manquait plus ça. Je lui souris comme si mon cœur était au repos, et qu'aucune goutte de transpiration ne coulait au creux de mes reins !

« Pour le billet, c'est à l'intérieur, au guichet. Je prends juste votre température. »

37 degrés. Parfait ! Tout est bon et je ne suis même pas en retard. Je reprends mon souffle. Un sourire discret se dépose sur mes lèvres. Je sens mon cœur qui se gonfle de bonheur. Il me reste même quelques minutes pour ranger tout mon capharnaüm. Je garde avec moi les sacs poubelles, va savoir pourquoi.

« Tout l'équipage de Corsica Linea vous souhaite la bien-venue à bord pour notre traversée à destination de Bastia. » Frissons d'excitation. Je monte dans le ferry derrière deux hommes, sac et bâtons de randonnée sur le dos. L'aventure commence.

Après treize heures de traversée méditerranéenne et un petit mal de mer, il n'est pas possible d'accoster. Nous patientons trois heures de plus avant de pouvoir poser un pied sur la terre ferme. Nous avons du temps devant nous. Les voyageurs, ceux que l'on distingue de la masse par leurs sacs à dos ou leurs sacoches de vélo, se rapprochent, attirés par un but commun : découvrir de nouveaux espaces à la force des muscles, au plus près de l'essentiel. Une discussion naît, entre deux étages du ferry, avec les deux hommes aperçus la veille.

— On commence le GR demain. Toi aussi ?

— J'hésitais à partir cet après-midi, mais avec le retard du ferry, ça ne passera pas. Du coup, départ prévu demain aussi. Combien de jours avez-vous prévu pour la traversée ?

— On ne sait pas encore. En fait, j'avais des jours de vacances à poser. J'ai demandé à Benoît s'il était dispo. Ça s'est décidé il y a quinze jours. On n'a rien regardé. Mais douze peut-être. Tout à l'heure, on a croisé un couple qui l'a fait. Ils nous ont dit que c'était vraiment difficile. Et toi ?

— Sept jours. Je verrai comment ça se passe, mais c'est l'objectif.

— Ah oui, OK. C'est toujours plus, non ? T'as intérêt à avoir la caisse.

— Une de mes amies a fait la traversée en cinq jours et demi. J'ai regardé un peu les retours d'expérience, sept ou huit jours, ça a l'air pas mal comme rythme. Sportif. Ça me va bien, et puis je n'ai que dix jours de vacances !

Nous sommes rejoints par des cyclistes venus faire le tour de la Corse entre copains. Chacun donne son point de vue sur la difficulté de ce trek. Il n'y a pas un GR20, mais une multitude de manières de l'appréhender et de le réaliser. En courant, en marchant, en cinq jours ou en seize, en solo, entre amis, avec un chien, en autonomie complète, en semi-autonomie, en pension complète, une moitié, en entier, pour le plaisir, pour traverser un deuil, une maladie, pour définir ses limites, les repousser aussi. La difficulté technique relève d'une cotation objective, mais elle peut aussi bien varier selon l'état de forme, l'expérience, la météo. Et il n'y a pas de bon ou mauvais point de vue. Chacun possède sa propre vérité. Nous envisageons les différents plans pour re-joindre Calenzana, le point de départ du GR au nord de l'île. Au fil des minutes, le retard du ferry finit par compromettre le plan A, puis le B. Reste le C : s'adapter, faire confiance, se laisser aller dans le flux, à la rencontre des autres. Ce sont les intentions que j'ai posées en partant. Ne pas prendre de billet de retour pour me laisser porter. Modifier les plans sans crainte ni résistance. Aller vers la douceur et la facilité en sui-vant ma boussole intérieure. Si je sens que je me crispe, je passe mon chemin. Si j'ai un élan, si mon cœur et mon corps se détendent, alors j'y vais. La Corse poursuit la leçon de vie.

Comme l'eau, laisse-toi porter par le courant.

Après une visite du marché et quelques gourmandises corses dégustées, nous quittons Bastia.

Bastia — Île Rousse – Camping de Calenzana.

Ce trajet en autocar est doux et excitant à la fois. Nous approchons !

Avec mes deux nouveaux acolytes, Amaury et Benoît, nous installons nos tentes pour entamer le GR au lever du soleil. Enfin… J'ai presque honte ! Je sors la super tente ultra légère que Soline m'a prêtée. Je n'ai pas pris le temps de la tester. Il ne manquerait plus que je n'arrive pas à la monter ou qu'un arceau soit cassé ! Tous les éléments sont étalés par terre. Le sol de la tente est d'une finesse incroyable. Va-t-il résister aux cailloux ?

Les sacs de Camille !

Les deux sacs poubelle conservés hier surgissent comme un éclair ! Ils deviennent un tapis de sol efficace. J'envoie un grand merci à ma sœur et à la fuite de la poche à eau ! Tout est parfait ! Tout a un sens insoupçonnable.

Le topoguide de la fédération française de randonnée propose la réalisation de ce GR en seize étapes. Avec Joan, nous avons découpé les cent quatre-vingts kilomètres en sept étapes, en essayant d'équilibrer kilomètres et dénivelés. Ce soir, je l'étudie à nouveau. Nous avions prévu que je partirais l'après-midi même. Je dois tenir compte de plusieurs contraintes et envies. Le bivouac est autorisé à proximité des refuges du Parc et des bergeries et je souhaite faire le GR sur l'ancien tracé alpin. Je finis par tomber sur un découpage satisfaisant, sauf pour la dernière étape vraiment très longue. Le dénivelé est important les premiers jours. Ça devrait être les parties les plus techniques. Sur la deuxième partie, celle du Sud, ce sont les distances qui sont importantes. Rien n'est figé, chaque soir, je m'interrogerai sur l'étape suivante, en fonction des conditions.

Pour la première journée, Benoît et Amaury optent, comme moi, pour deux étapes enchaînées. Ils partiront tranquillement vers huit heures. J'ai fixé mon départ à six heures trente. J'échange une dernière fois avec Joan. J'ai besoin d'être rassurée, de valider les bases.

Sasha

Je vais commencer comme on a dit et
j'adapterai avec les sensations.
Je ne rencontre que des gens qui disent
que c'est dur, douze jours, etc.
Donc je me sens un peu légère.

Joan

Non, on s'en fout de ce que
les gens disent. Mais prends le
temps de faire correctement ton
sac. Ne te charge pas trop en
bouffe.

Sasha

Je me suis dit que j'allais partir à un
rythme habituel, constant.

Joan

Tu ne pars pas trop vite. Fais un
test pendant la première étape.
Prends le temps de regarder,
d'admirer, mais pas de pauses
trop souvent. Et vois combien
de temps d'affilée tu peux
marcher, sans grande pause.
Genre une demi-heure, toutes
les trois heures par exemple. Ou
moins... et cinq minutes toutes
les heures.

Sasha

Je fais rarement autant de pauses. Tu penses que je me les impose quand même ?

Joan

Si tu n'en as pas besoin non, mais pour boire et manger oui. Boire toutes les vingt minutes une gorgée. Manger un petit truc toutes les heures.

Sasha

Je suis partie pour dix heures de marche non ? Douze ? Tu as une idée ?

Joan

Compte 4 km/h sur le plat, 350 m/h en montée et 400 m/h en descente.

Sasha

D'accord. Merci de ton aide. Repas fini, je vais au lit.

Je réalise enfin le défi sportif dans lequel je m'apprête à me lancer. Je suis vraiment contente de le démarrer seule.

5

Marcher dans la nature, c'est comme se trouver dans une immense bibliothèque où chaque livre ne contiendrait que des phrases essentielles.

Christian Bobin

31 août 2020

Jour 1 - Étapes 1 et 2

Calenzana – Ortu di u Piobbu – Refuge de Carrozzu

19,7 kilomètres

2140 mètres de dénivelé positif (D +)

1030 mètres de dénivelé négatif (D -)

19,7 kilomètres parcourus depuis le début

Le réveil sonne vers six heures. Je range méthodiquement mon campement. Je rejoins, sourire aux lèvres, le début du chemin. Une voiture s'arrête et le conducteur demande aux deux sexagénaires devant moi, où se trouve le parking de Calenzana. J'aime cette énergie du matin, avant que le soleil ne se lève. Mes yeux se portent sur le t-shirt d'un des deux hommes… *Transjurassienne*. Voilà un signe qui finit de me donner de la confiance. Joan vit dans le Jura. Un clin d'œil sympa de l'Univers. Je ne me sens pas seule.

J'enchaîne quelques lacets en forêt, la mer est toujours visible. Le ciel se pare de douces couleurs. J'avance sereinement sur un chemin bordé d'arbres calcinés, à nouveau envahi par une végétation d'un vert éclatant. Bocca u Saltu marque l'entrée dans le massif rocheux. Je tourne une première fois le dos à la mer. Premier passage de chaîne. Malgré l'heure matinale, je rencontre déjà quelques marcheurs en route pour Calenzana, la fin de leur épopée. Je n'ai pas le temps de réfléchir, ni même d'avoir peur. Mon cœur bat au rythme de l'effort et des émotions : j'y suis, je me suis lancée.

Deux trailers arrivent à ma hauteur. Ils ont prévu de faire la traversée en cinq jours. Ma fraîcheur physique du premier jour me permet de suivre assez bien le rythme en montée, mais ils ont deux kilos et demi sur le dos, j'en ai douze. Mes genoux subissent une pression importante à cette allure, mais j'apprécie la compagnie de ce binôme, agréable et sécurisante aussi. Alors je suis la cadence. Ils me proposent de déposer mon sac à Asco où un ami les attend pour le ravitaillement, et de continuer avec eux en cinq jours. Je réfléchis le temps de quelques kilomètres. Me laisser porter, m'étais-je dit... Pour autant, ce défi n'est pas le mien, pas cette fois. Je décline.

9 h 58. Bientôt Ortu di u Piobbu, 1 kilomètre.

Rejoindre le premier refuge se fait sans trop de difficultés techniques. Le chemin est assez roulant, entrecoupé de quelques passages plus raides. Prendre de la hauteur, voir le soleil s'installer dans le ciel. Une seule ligne de nuages blancs s'invite dans le paysage. Elle dessine une limite entre les bleus du ciel et de la mer.

Bocca di Pisciaghja. Mes yeux sont saisis. Mes tripes sont saisies. C'est à couper le souffle. Ma main gauche est tournée vers un panorama aux courbes douces, accueillantes, fleuries, ocre et rouge. La droite est figée devant la densité de montagnes sombres, où tout est acéré, griffant, piquant, aérien, escarpé. La bouche ouverte, le regard ébahi, quelques onomatopées sortent à moitié étouffées par l'effet de surprise. J'ai envie de plonger dans ce nouveau décor ! Très rapidement, il faut mettre les mains, tester les prises, pousser, chercher les marques, monter, descendre, passer de pierre en pierre. On ne peut deviner la suite du chemin, car ce début de GR est un dédale de parois rocheuses, de petits pics gris pointus à escalader, désescalader. Montre, timing et rythme ne font pas le poids face à ce vertigineux paysage. Je contemple. C'est beau. Émerveillement pur. Je n'ai jamais été confrontée à ce type de terrain, mais aussi fou que cela paraisse, je me sens complètement à ma place, sereine même en étant seule. Je ne ressens ni peur, ni doute, ni vertige. J'avance consciencieusement avec facilité et aisance. Au moment où je pose mes mains sur la roche, laissant dans mon dos un vide piquant, tout s'éclaire. Sous mes yeux défilent, comme un film, toutes les expériences vécues ces dernières années : les pièces de mon puzzle de vie, ce que j'appelle ma Grande Randonnée personnelle.

Les Pyrénées entre amies, le Sancy avec Julie, le Signal du Mont-Cenis avec Jean, la via ferrata en Croatie, le Mercantour seule en hiver, le Vercors, ma première nuit à la belle étoile, l'itinérance solitaire dans le Cantal, le Pic Carlit... Oui le Pic Carlit. J'y repense avec nostalgie et émotion. C'est à ce sommet que la montagne m'a définitivement séduite et ouverte à son immensité de possibles. Prendre de la hauteur, élargir son champ de vision, et choisir quel sera le prochain sommet à viser, à atteindre, en rando ou dans la vie. Toutes les pièces s'assemblent les unes aux autres. Je passe d'un puzzle en pièces détachées à un tableau cohérent, magnifique, évident. Tout ce que j'ai vécu avant ce jour me permet d'être ici, au milieu des rochers, à ma place. Chaque pas a compté. Des pas anecdotiques, des pas de douleur émotionnelle, des « plus jamais », de grands moments, de petits conseils, qui à première vue, m'avaient paru insignifiants, prennent aujourd'hui toute leur importance dans mon parcours. Je teste mes prises, je me hisse. J'avance, je m'écorche, mon sac râpe. Je traverse minutieusement ces montagnes russes de roche corse. J'applique naturellement les conseils d'Ulrich et Bennett, rencontrés avec Julie en Croatie, entre randonnée et escalade. Merci à Ulrich pour ses mots, à l'Univers pour cette rencontre, à Julie pour nos découvertes. Le mot gratitude prend tout son sens. J'en comprends l'essence.

Solide. Je roule. On m'écrase. On me marche dessus. Je m'abîme. Je m'effrite.

Volontairement, on me fend. Par la force du vent, de l'eau, du temps, je m'érode.

Coexistent des terres porteuses d'une énergie singulière et d'un enseignement à transmettre. Je te parle de deux d'entre elles. Les Terres Grises sont celles de l'intuition, l'énergie féminine, à gauche. Les Terre Rouges celles de l'action, l'énergie masculine, à droite. Avancer est un subtil mélange des deux : agir avec intuition.

Tu as en toi ces deux énergies. Observe ton axe central. Penche-t-il d'un côté ? Connecte-toi davantage si nécessaire, à l'une de ces terres. Ouvre à nouveau ton cœur pour retrouver l'équilibre de tes Terres intérieures.

J'en profite, elle me remercie !

Et si je vous parlais un peu de moi.

Je suis l'Univers, mais il faudrait un carnet épais pour noter tous les autres noms que l'on me donne : Divin, Dieu, Flux, Courant, Tout, Force supérieure, Esprit, Source,…

Je ne détermine pas le chemin de vie des âmes incarnées. Elles viennent vivre une expérience terrestre, accomplir leur mission pour cette vie. Je soutiens leurs choix, leurs demandes, conscientes et inconscientes. Je dépose des signes, sous toutes les formes, pour les accompagner dans leur évolution intérieure, leur défi, leur transformation. Je suis à la fois le coup de pouce, le déclencheur, la prise de conscience.

Je me trouve là où le boomerang fait demi-tour ! Je reçois une intention, un besoin, un état d'esprit, et je renvoie des situations, des rencontres, qui vont dans ce sens. La loi d'attraction : reçois ce que tu émets.

Le « bon endroit, au bon moment, avec la bonne personne », les planètes alignées, le tapis rouge, ben voilà, c'est moi !

Encore faut-il définir vos intentions, ne pas restreindre votre champ de perception en vous focalisant sur un type de réponse précis, vous ouvrir à toutes les possibilités et bien sûr saisir les opportunités que je mets sur votre chemin.

Le fameux « lâcher-prise » !

Notre aventurière, bien souvent encore, résiste, doute, attend, mélange les fils de l'égo, du mental, et du cœur. Mais à ce moment précis, comme une révélation, un état d'alignement parfait, elle est en train de prendre conscience de son chemin, que tout a un sens, et que ce qui est porté par le cœur et la joie offre la voie la plus fluide et confortable. Depuis que chacun de vous s'est lancé dans la Grande Aventure, l'École de la Vie, je suis votre parcours.

Le déclencheur !

Quitter, s'éloigner, vivre l'expérience de la séparation et du manque sont d'inconfortables, mais d'intraitables moyens de dépasser le mental et de répondre avec le cœur. À son arrivée en Île-de-France, le béton, les tours d'immeubles, l'éloignement de la nature ont rappelé à ses cellules sa terre d'origine. Comme les terroirs déterminent le caractère des vins, les lieux où l'on naît et où l'on évolue marquent énergétiquement les êtres vivants, végétaux, animaux et humains évidemment. C'est seulement en s'éloignant de la Nature, dans laquelle elles ont grandi, qu'elle et son amie Julie ont pris conscience de Son importance dans leur équilibre, à quel point elles en avaient besoin, comme Elle les nourrissait intérieurement.

D'aventure en aventure avec son binôme, entre amis ou seule, elle a accumulé les expériences, enchaîné d'innombrables petits pas avant d'arriver en Corse. Elle est venue valider ses progrès en montagne et rembobiner le fil de sa vie…

Chaque pas, même le plus anecdotique, est une expérience qui saura vous guider au moment où vous en aurez besoin. Vous vous souviendriez alors que si tout ne s'explique pas, tout a un sens.

L'Univers

Je traverse ce chemin de roche où il est impossible de deviner la trace au-delà de quelques mètres.

Teste ta prise. Monte. Teste la suivante.

Immédiatement, je repense à la via ferrata en Croatie, il y a deux ans et demi, avec Julie. Dans une auberge du parc Paklenica, nos voisins de palier Ulrich, allemand, et Bennett, américain, deux passionnés d'escalade, nous ont invitées à partager leur dîner. Bon repas, discussions autour du trek et de la grimpe, ils nous ont proposé d'organiser une via ferrata et nous une randonnée. Ils ont le matériel, un parcours libre d'accès, d'un niveau débutant. Un échange de regards avec Julie pour se mettre d'accord : c'est parti !

Le lendemain, bien équipés, Bennett ouvre la voie, suivi de Julie, puis moi et Ulrich. C'est la première fois que je fais une via ferrata. J'ai confiance, mais je suis en même temps tendue. Cet effort me demande de la concentration. Je respire pour apaiser mon cœur qui se serre. Ulrich me parle, détourne mon attention de mes émotions. Très bien !

— Pourquoi as-tu besoin de défi sportif, comme le marathon ? me demande Ulrich
— J'ai besoin de me confronter à mes limites, sortir de ma zone de confort.
— Je ne suis pas d'accord avec ces mots. Ce n'est pas sortir, mais agrandir la zone de confort, me précise Ulrich. Tu ne vas pas à l'extérieur de toi. Tu agrandis simplement tes capacités et l'espace où tu te sens bien.

Oui, une zone de confort n'a pour limites que celles qu'on lui impose. Agrandir sa zone de confort, c'est repousser les murs, acquérir de nouvelles compétences, élargir son champ de vision tout en étant connecté à soi, à ce que l'on est et à ce dont on a besoin.

— Stop, m'interpelle Ulrich, on n'est pas pressés. Prends ton temps. Teste toujours tes prises de mains, de pieds avant de tirer ou de prendre appui. Regarde, là, la roche se casse facilement.

Les diapositives se succèdent. Je remonte le temps…

Mon premier trek, je l'ai partagé avec mes amies Julie, Soline, et ma colocataire Justine, en 2012. Cinq jours sur le GR10. Ce chemin de randonnée traverse les Pyrénées d'ouest en est. Avec nos sacs surchargés, nous illustrions parfaitement le dicton de la MUL (la Marche Ultra Légère) : « On porte nos peurs. » Depuis, nous avons appris ! Nous avons cumulé les kilomètres en France ou en Europe, sans jamais prendre le temps d'explorer nos volcans auvergnats !

Avec Julie, notre première rando dans le Puy-de-Dôme, je me souviens bien, c'était au printemps, en 2016, sur le magnifique chemin des crêtes depuis le Mont-Dore. La montée à travers la hêtraie jusqu'au Capucin, l'apparition de la neige éparse, et puis le Pas de l'Âne, au pied de l'escalier menant au sommet du Sancy. Nous expérimentions pour la première fois une rando en conditions hivernales.

Ce jour-là, le chemin d'été est surélevé de trois mètres. Le névé arrive à hauteur d'un câble et forme une pente continue vers le ravin. Des traces de pas indiquent qu'il a été traversé. Un espace entre le névé et la paroi raidit quelques secondes Julie, mais elle passe, face au vide. Je reste accrochée au câble, vingt minutes peut-être. Je ne sais plus. C'est long ! Mes doigts s'engourdissent. Il y a un pas à allonger pour passer au-dessus d'un creux dans le névé. Ce n'est pas l'espace avec la paroi qui attire mon attention, mais ce pas différent à faire. Je suis face à la paroi. Trouver l'élan. Julie est à quelques mètres plus loin sur le sentier. Trouver l'élan. Élan ou déconnexion du mental, je ne sais pas, je me lance. Un pas plus grand. Un pas sur la trace de chaussure de l'autre côté du petit creux.

Nous avions pris le temps d'analyser longuement ce moment, notre matériel inadapté, la prise de risque peut-être, nos deux visions différentes de l'espace, de ce qui nous créait la peur. J'aime me souvenir parce que l'émotion est toujours palpable en moi. Je suis à la fois amusée par mes peurs d'autrefois et fière de les avoir transcendées.

Les souvenirs reviennent les uns après les autres. Ils se bousculent comme pour me dire, « Et moi ? Et moi ? Moi aussi j'ai ma place dans ton histoire. » Oui, en effet, tous ont joué un rôle. Chaque pièce a sa place dans un puzzle, même le coin de ciel. Chaque pas que l'on fait est une nouvelle pièce du puzzle de sa vie que l'on construit, sans vraiment le savoir.

Un long passage entre les refuges d'Ortu et Carrozzu nécessite de poser les mains. Ce temps d'escalade me projette sans détour au pied du couloir du Signal du Mont-Cenis. « L'une des plus belles courses d'arêtes des Alpes », sept sommets à plus de 3300 mètres, la pointe de Ronce à 3612 mètres, la description de cette traversée m'avait séduite. Le topoguide indiquait un seul passage délicat, un mur de vingt mètres à escalader. Cotation 2 b. Ce fut dix heures de rando, des pierriers, des couloirs, des vires, et un mur. Il a retenu toute mon attention et a épuisé toutes mes ressources. À chaque prise ou appui dans ce couloir du Signal du Mont-Cenis, je me demandais : *« Pour qui la roche finira-t-elle par céder ? »*

J'avais vraiment ressenti de la peur. La roche me semblait friable. Je posais mes pieds en écoutant les gravillons tomber. Je me revois en appui sur un rocher de la taille de mes deux pointes de pieds. *« Ça va aller, tu vas réussir. »* Je revois Jean me tendre la main pour m'aider. J'avais accepté une première fois, un peu plus bas, mais au moment d'être hissée vers le haut, l'absence de contrôle avait été encore plus effrayante. Je m'étais affalée sur le rocher au-dessus. Je préfère maîtriser chacun de mes mouvements. Je vais prendre le temps. Je souffle. Le sang-froid. Ça va aller. J'ai vraiment peur. Je prends le temps. J'avais tellement peur de me retrouver suspendue dans le vide s'il me prenait la main. J'ai pris le temps de me rassembler. Je sentais que Jean faisait beaucoup d'efforts pour rester d'apparence serein. Je savais qu'il était là et ça me suffisait. Allez... Wouuu c'est bon. C'est fait ! Arrivée sur la petite terrasse à bout de force nerveuse. Avec Jean, nous surplombions le lac du Mont-Cenis, la montée, le chemin restant. Il ne nous restait qu'une petite difficulté, une vire de l'autre côté de l'arête. Une pause s'était imposée. La peur m'avait fait consommer toutes les calories disponibles dans mes muscles et mon cerveau. L'adrénaline redescendait et laissait place à un besoin de répit. La suite fut en grande partie du plaisir : un large sentiment de fierté partagé.

Je me souviens aussi du cauchemar que j'ai fait la nuit suivante. Jean me prenait la main et en me tirant vers lui, nous tombions tous les deux dans le vide. L'horreur. Le matin, nous étions pleinement d'accord sur un programme beaucoup plus raisonnable pour les jours suivants.

Si je refaisais cette rando aujourd'hui, comment me sentirais-je ? Est-ce que j'appréhenderais ce fameux mur avec autant d'anxiété ? Est-ce que cela me demanderait autant d'énergie ?

Un mur marque un territoire. Il précise
les contours. Il délimite et protège. Il
est un espace, une pièce, un besoin
de cadre. Il n'enferme pas nécessairement.

Autorise-toi à sortir de ta demeure
pour l'observer. Observer si sa forme
te plaît. Observer ce que tu y mets à
l'intérieur et ce que tu y laisses entrer.
Fais de ton espace intérieur un lieu sa-
cré que tu ouvres en conscience et en
responsabilité.

Ce souvenir est intense. Je ne suis plus dans les Alpes, je
suis ici, en Corse, mais un voile se dépose dans mon cœur.
La veille du Mont-Cenis, Jean m'avait fait une très belle demande en mariage. C'était avant… Sur ce GR20 aussi, nous
y étions tous les deux, il y a quelques années, pour quelques
étapes de Vergio à Asco. Une pierre qui cède, un pont qui
s'écroule. Ce trek revêt une couleur particulière : traverser
les crêtes, les vallées, les sommets, les cours d'eau et les
anciens souvenirs, ceux qui tardent à partir. Marcher vers
Conca, avancer dans ce processus du deuil amoureux, loin
d'être linéaire. Allez, haut les cœurs !

Je marche toujours à la même cadence. Les pauses sont
rares, trente minutes tout au plus. Je regarde régulièrement
l'heure. Prendre des repères. Arriver avant l'obscurité. Il me
reste une grosse descente. Six cents mètres de dénivelé négatif en deux kilomètres. Les douleurs se font sentir assez rapidement… J'ai tenu à être le plus autonome possible : tente,

duvet, matelas, réchaud, quelques provisions. Je suis rassurée de ne pas dépendre d'un refuge et pouvoir palier à toute situation. J'ai besoin de tester mes capacités physiques aussi, me prouver que je suis réellement capable. Et puis de façon très pragmatique, je fuis les punaises de lit. Elles ont déjà fait de mon corps un festin, à deux reprises.

Après sept heures et demie de marche, ces dernières quatre-vingt-dix minutes sont une souffrance. La descente est interminable ! Une vieille douleur au pied droit se réveille. Et boum… Je n'ai pas senti la chute venir dans un petit virage. Ça aurait pu être pire ! Mes pieds ont glissé sur des graviers. Je bénis la solidité de mes os… Je suis tombée lourdement sur le coude. Pas de dégâts apparents, mais une pointe de doute me traverse. Vais-je avoir les ressources physiques pour enchaîner chaque jour ce type d'effort …?

15 h. Refuge de Carrozzu, deux cents personnes.

Du jamais vu pour les gardiens. À cause de l'interdiction d'emprunter une partie du GR menacée par les incendies les jours précédents, il y a du monde au mètre carré. J'essaie de me frayer une place entre les tentes déjà installées et les cailloux omniprésents. Ce refuge est un camping tout confort. On est loin du bivouac puriste ! Restauration, épicerie, douches chaudes, bacs de lavage pour le linge, espace cuisine équipé de gaz et de réchauds ! Je me pousse à entrer en contact avec les gens qui m'entourent venant du Sud, venant du Nord. Échanger quelques mots, des impressions, une expérience. On me montre un groupe de quatre hommes qui a prévu de faire la traversée en huit jours. Oui, ce sont eux là-bas… Je vais à leur rencontre, deux ou trois mots échangés, rien de plus. J'essaie de ne pas rester dans mon coin.

Depuis ma tente, je capte la voix d'Amaury. Ils viennent d'arriver et cherchent un emplacement. Ce n'est pas gagné. Autour d'une table du refuge, nous prenons le temps de discuter de notre journée. J'ai marché vite et eux ont fait de très longues pauses. Ce sont deux approches de la randonnée très différentes. Je pense que je prendrai davantage de temps demain pour m'arrêter et contempler le paysage. Ce n'est pas la même chose que d'observer un paysage en mouvement et dans l'immobilité. Amaury et Benoît décident de faire les deux prochaines étapes avec moi. Nous nous mettons d'accord pour un rythme de marche intermédiaire. Direction Asco, la Pointe des Éboulis et les bergeries de Ballone.

Je retourne dans ma tente, évitant pierres, cordelettes, linge, sardines ! Jour 1 validé. Sourire aux lèvres. Ce refuge est une fourmilière de randonneurs, où chacun interagit avec ses objectifs personnels, son projet, son expérience individuelle, dans un sens commun. Tous sont ici pour se dépasser et vivre au rythme de la marche et de la nature. Je suis comme hors du temps. J'appartiens à un ballet dansant sur les terres corses.

6

Cette difficulté [...] n'est pas de l'ordre de l'acte mais de l'ordre de la représentation. Ni s'arrêter, ni se précipiter. Il faut soigneusement passer vite. Si je m'affole, je ne pourrai rien faire soigneusement et je me mettrai en danger. Paniquer, c'est se choisir un maître.

Céline Minard

Mardi 1 septembre 2020

Jour 2 - Étapes 3 et 4

Carrozzu – Asco – Bergerie de Ballonne

19,9 kilomètres 2020 D + 1840 D -

39,6 kilomètres

Je suis ravie de retrouver Benoît et Amaury au soleil levant. De la palette de couleurs s'offrant à nos yeux se dégage une incroyable paix. Un dégradé de bleu, d'orangé et de rose, teinte le ciel et les montagnes. Nous traversons le pont de singe au-dessus d'un joli cours d'eau bleu-vert. Le tableau de Dame Nature adoucit notre réveil aux aurores.

Hier seule, aujourd'hui en groupe. Je marche. La bonne humeur est de mise. Le pas est régulier et rythmé. Je me pose quand même quelques questions... elles vont, elles viennent.

Mon rythme est-il bon ? Est-ce que je les ennuie ? Ne suis-je pas de trop ? Si c'est le cas, ils sont assez grands pour le dire, non ?

J'aime marcher seule. J'aime aussi la force du groupe et les rencontres.

« Tu ne t'ennuies pas seule ? »

« Ce n'est pas trop difficile de partir seule ? »

« Alors, moi, ça ne me plairait pas du tout. C'est dommage de ne pas pouvoir partager tous ces beaux paysages avec quelqu'un »

« Et s'il t'arrive quelque chose, comment tu fais ? »

Oui… Non… Nous parlons en fait d'expériences différentes. Être seule et être en groupe sont deux dynamiques nécessaires et complémentaires.

J'ai besoin de marcher seule pour faire le point, me retrouver, me confronter à moi-même, sans interférence ni échappatoire. Faire le vide. M'extraire de l'agitation du monde. Être seule me permet de faire face à mon état intérieur, à mes envies, à mes choix et ainsi de pouvoir réajuster ma trajectoire régulièrement. Le quotidien, le rythme, la sollicitation excessive, si l'on n'y prend pas garde, brouillent les pistes, affolent notre boussole interne. Le risque : perdre le nord, son propre Nord, son propre cap, son chemin, ses besoins et finir par suivre la boussole des autres, ou de la majorité.

Et si la solitude développe une grande écoute de son monde intérieur, elle permet aussi d'être plus ouverte à l'extérieur, aux opportunités, aux rencontres, aux rendez-vous imprévus. Ce n'est ni par peur ni par ras-le-bol de la solitude que j'aspire ici à marcher avec d'autres randonneurs. Je suis ici en Corse pour l'expérience, le partage, les surprises, suivre le Courant.

Faire des suppositions. Repousser ce qui semble trop facile. Voici un aperçu de croyances qui vous empêchent de profiter de l'abondance de la vie. Je vous avoue que ce besoin de contrôle me demande un travail monstre. Je dois redoubler d'efforts pour déposer sur vos chemins des signes et des situations pour vous aider à « lâcher », à faire confiance à votre élan, à oser, mais surtout à accepter que tout ne dépende pas de vous.

Lâcher prise ne signifie pas être attentiste, subir sa vie ou penser que sa vie dépend des autres. Une jolie nuance existe entre « j'ai de la chance » et « j'aide la chance ». Il s'agit donc de faire des choix, mettre en place des actions, concrètement, pour tendre vers ce que vous souhaitez devenir, créer pour vous-même, pour les autres et pour la planète. Il est important de se rappeler que pensées et actes baignent dans une énergie systémique qui dépasse l'individu, et même l'être humain. Tout est interdépendant, tout est en homéostasie, gardez cela à l'esprit. Comme le corps humain dont les fonctions s'autorégulent en permanence pour conserver un état d'équilibre, les unes ayant une incidence sur les autres, les projets de chaque être vivant dépendent d'une dynamique collective.

Qu'est-ce qui est donc de votre ressort, me demandez-vous ?
Soyez des jardiniers
Travailler votre terre.
L'éclaircir, la nourrir,
Semer une graine,
Arroser régulièrement,
Et puis laisser faire la nature.

On ne force pas une graine à pousser. On ne la déterre pas non plus pour voir si elle pousse bien. Semer est un acte qui induit de la patience, tant les jours qui se suivent semblent se ressembler. Pourtant, derrière l'immobilité apparente de la Nature, tout est en mouvement perpétuel. L'eau qui s'égoutte *d'une stalactite, les organismes enfouis sous les couches d'humus, l'humus est créé instant après instant, saison après saison… Semer est une succession d'états d'être de la graine, une transformation invisible, incontrôlable et surtout imprévisible. L'alchimie entre le Jardinier, la Terre, la Graine, les Éléments illustre avec beauté l'inexplicable. La graine a le pouvoir de devenir Tout ou Rien, au rythme qui lui convient. Laisser être.*

Pourquoi ce projet qui vous tient tant à cœur n'évolue pas ? Pourquoi ce que vous entreprenez se solde, parfois, par une déception ?

Comprendre. Observer. Écouter.
Le problème vient-il de la terre (soi, son intérieur, son essence profonde) ? De la saison (le contexte personnel, collectif) ? De la graine elle-même (le projet, les idées) ? De l'énergie apportée (quelle est l'intention qui anime le projet ?) ?

J'ai horreur du Vide. « La nature a horreur du vide », Aristote vous l'a dit. Tout a une raison d'être, la réussite comme l'échec. Si vous n'obtenez pas le poste que vous convoitez, quelque chose de plus juste dans votre parcours et pour votre évolution est en préparation. Les efforts déployés pour ce poste sont sûrement les bases d'une autre expérience dont vous ne connaissez pas encore l'existence. Cet entretien n'était peut-être qu'un premier pas pour vous sortir de votre situation actuelle, vous mettre en mouvement, un essai sans enjeu pour vous préparer au bon endroit, au bon moment, avec la bonne personne.

Quand tout vous semble à l'arrêt,
Quand, du haut de la montagne, le paysage vous paraît immobile,
Souvenez-vous que la Nature est toujours en mouvement.
Rapprochez-vous du torrent qui gronde,
Du vent qui fait danser les feuilles,
Des fourmis qui travaillent,
Des arbres qui communiquent.

Le contrôle, en revanche, vous apporte plus de difficultés que de bénéfices ! Dans le besoin de contrôle, il y a l'attente d'un résultat précis, des critères à remplir. Ces attentes coupent la joie, l'élan et posent des œillères qui restreignent le champ de perception des opportunités, des chemins secondaires, des raccourcis vers la mise en place d'un projet. Un cheval de course à la sortie du box ne voit qu'un tracé. Il ne peut prendre qu'un itinéraire. Et si l'envie lui prend de tourner la tête, son jockey est là pour tirer sur les rennes. Vos œillères sont le contrôle et les attentes. Le jockey est le mental qui ne voit qu'une seule manière d'atteindre l'objectif. Quand votre projet ne semble pas aboutir, quand vous n'y arrivez pas, que vous vous sentez nul, avec l'impression que le sort s'acharne ou que je suis contre vous, votre jockey intérieur entraîne nécessairement de la déception, de l'abattement, de la dévalorisation, ou encore un sentiment d'injustice. Et si derrière ces premières émotions, il y avait un cadeau insoupçonné ?

Lorsque le résultat n'arrive pas, pas assez vite ou qu'il n'est pas celui que vous aviez imaginé, arrêtez-vous devant un miroir ou une feuille de papier, pensez à moi et posez-vous cette question : Comment l'Univers a-t-il répondu à mon projet ?

Je comprends que lâcher prise n'est pas facile. Très jeunes, les enfants ont la capacité naturelle d'aller vers ce qui les rend heureux, et surtout vers la simplicité. Ils croient fermement que tout est possible. Ils ne s'encombrent pas des « on dit », des « il faut » et autres injonctions. Ils inventent des histoires et des personnages à partir de bouts de bois, de pierres de toutes formes, de fleurs. Ils exultent quand la mer entre par la porte du château de sable qu'ils construisent. Ils croient fermement en leur chance quand ils partent à la recherche d'un trésor.

Au fil du temps, ils intègrent une éducation, des codes sociaux, des manières de voir le monde, passées par les filtres des adultes et des pairs qui les entourent. Ces filtres éloignent la spontanéité, la magie, le lien à l'invisible, la joie, la simplicité, l'élan du cœur. Le petit enfant passe alors d'un être hautement spirituel à un être tourné vers la matérialité et le contrôle.

L'être humain fait l'expérience de l'incarnation, de la matière, de la dualité. Son grand chemin spirituel est d'accepter cette incarnation, d'identifier tout ce qui le compose, ses défauts et ses qualités, afin d'ôter les écrans, voiles, filtres, masques pour se reconnecter à son essence, le Moi profond. C'est ce que votre société appelle le développement personnel, la conscience de soi, la réalisation de soi ! Finalement, lâcher prise c'est avant tout être. Être là, dans l'instant présent. Être soi, tout simplement. Entreprise compliquée ? Mais non, pas après pas. J'ai confiance en chacun.

L'Univers

Pin laricio de Corse et la vallée d'Asco.

C'est vraiment très beau. De grands pins laricios accompagnent notre descente vers la station de ski d'Asco. Nos rires nous ouvrent le chemin. Le fil de mes souvenirs est plus doux à rembobiner. J'apprécie d'être entourée. Nous croisons de nombreux groupes, plutôt jeunes. Tout le monde échange des sourires, une blague, ou quelques mots sur ce qui attend les uns et les autres. Arrivés à Asco, nous déjeunons rapidement, car la journée est loin d'être finie. Les repas du midi sont simples. Je varie, thon à l'huile, sardines, viande séchée, fromage, pain, crackers. Le soir, semoule, polenta, soupe. À peine dix minutes après la reprise, nous faisons à nouveau une halte pour une première baignade. Le mythique Monte Cinto attendra. Cascade, vasque, soleil. Le cadre est trop tentant.

En 2014, avec mes amis, nous avions traversé le cirque de la solitude, aujourd'hui déséquipé à cause des différents accidents survenus. Le GR a un nouveau tracé passant par la Pointe des Éboulis, au pied du Monte Cinto. Pas moins difficile, différent. Le panorama est vaste et rude. Le silence est complet, pas un bruit ne le perturbe. Il investit tout l'espace, chaque recoin. Il est comme du velours qui n'adoucit aucunement les roches acérées. C'est austère, minéral, menaçant. Chacun avance à son rythme. Benoît est devant, je suis au milieu. Amaury est assez loin derrière. Il respecte sa propre temporalité, ses besoins. Après chaque repas, il a besoin de temps pour relancer la machine. Il y a plusieurs dizaines de mètres entre nous. Le point à atteindre n'est pas encore visible. C'est long. Un col, un replat, un col... Au fil de notre avancée, les cours d'eau se raréfient, la végétation également. Restent les dalles lisses, la roche, les premières chaînes, les pierriers, les éboulis, un petit lac d'altitude. Et apparaissent les nuages, plus gris, plus chargés. Personne ne parle. La météo n'annonce pourtant pas de pluie. Tout peut changer si vite en montagne...

— Il ne faut pas trop traîner, il reste un bon bout de chemin, nous annonce Benoît

Le passage le plus technique de cette ascension est encore devant nous et un nuage noir se forme et nous surplombe. Le combo orage et crête ne nous laisse pas sereins. On marche, on monte, et on se rassemble progressivement. Nos pas s'emboîtent. La montée est longue et de plus en plus abrupte. Je sais que je vais y arriver, mais la succession de passages à escalader, la vigilance pour suivre la bonne trace et le vertige de cette immensité me demandent beaucoup de concentration et d'énergie. La tension intérieure monte. Je pose mes mains, j'attrape les chaînes, je négocie la pose des pieds. L'arrivée n'est pas loin, mais je me sens fébrile. Je souffle, je me recentre. Je me concentre sur mes mains, mes pieds, la roche, les prises. Les mains, les pieds, les prises. Les prises. Ce qui est visible, palpable, concret.

L'émotion monte. Je ne veux pas pleurer. Non. Je reste concentrée sur ce qui est sous mes mains. Je pense à ce qui est à traverser là, maintenant, à chaque seconde, à l'instant présent. Un flash.

Repense au Vercors. Ne te projette pas. Reste sur ce qui se présente virage après virage.

Évidemment, le Vercors ! Les images de mon itinérance sur les hauts plateaux du Vercors en août 2019 me traversent comme un éclair. Je me revois assise, au pied d'un panneau m'annonçant encore trois kilomètres, sur un chemin longeant les balcons de cette immense paroi rocheuse. Trois kilomètres ! Cela semble si peu et pourtant…

Sasha
J'en chie.

Joan
Pourquoi ça ?

Sasha

Je mets beaucoup d'énergie à me
concentrer et dépasser mes appréhensions. Du coup, le chemin me semble
interminable. Reste 2,8 km avant l'abri.

Joan

Quelles appréhensions ?

Sasha

Sentiers étroits à flanc. Je ne pouvais pas
m'attendre à autre chose en choisissant
les balcons ! En fait, je crois que ce ne sont
pas forcément les passages plus délicats
que j'appréhende, mais surtout la projection de possibles passages délicats. Ce qui
est nase, on est d'accord. Y a tellement
de creux et de rentrants que je ne vois
pas la suite. Je l'imagine. Il est écrit, ravin
ceci, ravin cela sur la carte. Je croise des
panneaux qui indiquent que le croisement n'est pas possible. Je fais monter
l'inquiétude. Je suis seule ici et j'ai peur de
glisser. Je me retourne et je me demande
encore par où je suis passée, et à quoi va
ressembler la suite. Et puis, le manque
d'eau, la fatigue, le sac, mon pied, mes
repas… Mais en dehors de tout ça c'est
magnifique !

Quelques minutes après cet échange de SMS entre Joan et moi, j'arrivais à l'abri Peyrouse, situé sur les balcons est du Vercors. Les notions de temps et d'effort sont tellement relatives ! Le refuge est petit, mais accueillant. Ce soir-là, nous étions sept personnes de tout âge à nous retrouver autour du feu. Et qui dit feu, dit repas chaud ! — Une péripétie a toujours sa place dans une bonne aventure non ? — La veille, mon réchaud utilisé sans problème la semaine d'avant, n'avait pas fonctionné ! Gaz, lentilles et riz avaient donc été voués à rester au fond de mon sac. Et ils y étaient restés, car cet été-là, l'eau manquait vraiment. La roche calcaire du Vercors délivrait rarement son or dans les sources répertoriées. Ne pas renverser la casserole posée sur la grille du feu. Et attendant que l'eau boue, je m'étais éclipsée quelques minutes pour donner des nouvelles à Joan.

Sasha

Tout s'est bien passé et pourtant j'ai vécu la traversée avec une grande fébrilité. J'ai vraiment dilapidé mon énergie. Je me rends compte qu'anticiper une difficulté n'a aucun intérêt si ce n'est la vivre deux fois. Une première fois en pensée, et une deuxième fois dans la réalité matérielle. Et aujourd'hui, finalement, je me suis crispée pour une projection qui n'a pas abouti parce que j'ai réussi à traverser tout ce qui me semblait si difficile. Ça m'a fait du bien de t'écrire, d'exprimer ce que je ressentais tout à l'heure. Ça a mis un stop au petit vélo qui s'était mis en action dans mon cerveau !

Merci.

« À une petite chose, l'inquiétude donne de grandes ombres. » Ce proverbe suédois m'invite à faire face à ce qui se présente dans l'instant, sans anticiper une difficulté qui, finalement, n'en sera peut-être pas une. Ne pas accumuler les émotions, accentuer les peurs, ne pas me laisser submerger par la panique. Prendre les passages délicats les uns après les autres, pas après pas. Découper un effort long en petites étapes, à atteindre tout au long de la journée. Avancer, panneau après panneau, pour aborder avec lucidité chaque situation. Et pour l'eau, vu la chaleur, j'étais rapidement venue à bout de ma réserve. Le type avec qui j'avais marché le lendemain répétait « l'eau est mieux à l'intérieur de toi, que sur ton dos ». Philosophie de l'instant présent payante. En cours de route, j'avais fait la rencontre improbable d'une copine de collège qui m'avait gentiment donné quelques centilitres d'or bleu ! Sauvée !

Ce retour en arrière me recentre. Aujourd'hui, je suis en Corse. J'avance dans ces gradins rocheux. Mon nez se lève, de temps en temps, pour repérer les deux traces du GR.

— Ça va ? me demande Benoît
— Je commence à avoir moins d'énergie.
— Nous ne sommes plus très loin. Allez…

Une seconde, j'ai eu envie de répondre, « oui ça va t'inquiète ». Dans la journée, Benoît m'avait proposé de l'aide pour une broutille. M'aider à ranger mon téléphone dans une poche de mon sac. J'avais décliné alors que je me tortillais comme un ver pour le faire. « Ah oui, pas d'aide, surtout pas d'aide ! » avait-il répliqué avec une ironie délicieuse. Il fallait bien que je m'habitue à me débrouiller pour ne pas avoir à poser mon sac toutes les cinq minutes quand je me retrouverais seule… Mais à cet instant, je n'étais justement pas seule. Pourquoi ne pas accepter l'aide de quelqu'un quand elle se présente ? Alors, cette fois-ci, quand Benoît m'a demandé comment j'allais, j'ai surtout eu envie de poser le masque. M'autoriser à être vraie. Sortir de ce rôle d'indépendance à tout prix. Reconnaître… Accepter ma vulnérabilité. Pour moi. Face aux autres. Dépasser la honte ou la peur d'être jugée. L'écrire m'émeut, car cette volonté d'indépendance que je m'impose est une carapace construite depuis des années. Accepter simplement le besoin d'être soutenue. Accueillir le soutien. Vivre la vulnérabilité de manière authentique et non comme une faiblesse.

Les garçons jettent régulièrement un œil au-dessus de leur épaule. J'apprécie leur prévenance. La présence même silencieuse de chacun suffit. Ils ont disparu derrière le dernier bloc rocheux. Je les rejoins au pied du Monte Cinto, dissimulé derrière un épais brouillard. Ce n'était plus si loin, en effet. On rit, on contemple, on fige l'espace dans nos téléphones. Une petite voix me dit :

Eh, ce n'est que la Corse. T'es pas au sommet de l'Everest non plus.

C'est vrai. La difficulté que j'ai traversée est objectivement loin d'être un exploit dans le monde du trek ! Je suis lucide. Mais à cet instant, qu'importe la taille de la montagne ! Je ressens certainement autant de joie et de satisfaction que l'artisan qui contemple sa création, qu'un aventurier qui arrive au bout de son périple, qu'un enfant qui fait du vélo sans les petites roues pour la première fois, qu'un accidenté qui réussit à refaire son premier pas. Les émotions et la joie ne répondent à aucune hiérarchie. C'est bien mon mental qui joue les rabat-joie ! Nous sommes là, pleinement. « Avant » ne compte plus, si ce n'est le plaisir de l'ascension réalisée, libérés du poids de l'étape mythique, le point culminant du GR. « Après » n'est pas encore dans nos têtes. Nous sommes ici, complètement. Ensemble, nous partageons le présent.

Les nuages habillent progressivement les sommets autour de nous. Nous devons nous engager dans la descente, neuf cents mètres de dénivelé négatif à avaler, après déjà plusieurs heures d'effort. Les articulations sont douloureuses. C'est très long, subjectivement plus long que la montée. Les éboulis font place aux grandes dalles à désescalader. Le rythme est lent. Le refuge n'est toujours pas visible et pire, lorsque nous demandons à Benoît où nous en sommes, la réponse est bien en dessous des espérances. Je râle. Amaury râle. Nous exprimons à voix haute les douleurs et l'agacement, davantage pour sortir de l'isolement de la souffrance que pour se plaindre réellement. Libérer une partie de la charge mentale, se reconnecter à l'élan collectif pour continuer, faire passer le temps, occuper cet espace qui fait mal aux genoux, aux pieds, dans les muscles. Nous maudissons le terrain autant que nous l'admirons, renforçant ainsi notre sentiment de fierté.

Nous arrivons à Tighiettu où l'absence d'emplacements disponibles coupe court à toute négociation. Il faut continuer vers les Bergeries de Ballone, en oubliant douleurs et appuis mal assurés. J'ai envie du gros plat de pâtes au fromage de la bergerie, robuste et corsé, vanté par les jeunes croisés quelques heures plus tôt, avant Asco. Amaury est en même temps à l'affût du « spot de rêve » pour poser les tentes. La bergerie ne montre toujours pas le bout de son toit ! Cascades et enclos de pierre viennent donner corps à ses envies de bivouac sauvage. Tant pis pour les pâtes. Les étoiles brillent dans nos yeux en même temps que la nuit s'installe. Nous scrutons l'horizon. Du haut de son mètre quatre-vingt-dix, Amaury aperçoit ce que je ne peux voir de là où nous nous trouvons. Une tente ici, une tente là-bas, de l'autre côté de la bosse. Les possibles, ce soir, ce sont bivouac de rêve et plat de pâtes. Que demander de mieux. Ravis !

Nous nous retrouvons autour d'une table, et déroulons le fil de la journée à coup de paysages, d'anecdotes et de ressentis. Apéro, charcuterie corse et fromage corsé, on ne nous a pas menti ! Nous faisons la connaissance, des aides-gardiens, de randonneurs, Carla et Rémi, Yves et Serge, soixantenaires ultra-traileurs, et une bande de joyeux gars arrivée avec la nuit. Tous ont le défi de clore ce GR en huit jours. Je suis à mon aise, l'ambiance, les échanges, la nuit, la pleine lune, le repas servi avec bonne humeur et générosité. Je me sais chanceuse de vivre la vie que j'aime, de rendre vivants mes rêves. Je ne réalise pas encore complètement que je suis bien ici, sous les étoiles du ciel corse.

Au fil des heures, certains rejoignent leur tente, d'autres sortent leur réchaud. Avec Amaury et Benoît, nous discutons de mon défi sportif. Je leur propose de poursuivre sur une étape doublée le lendemain. Sous nos lampes frontales, nous étalons la carte, pour que chacun soit au clair avec le parcours envisagé, les kilomètres, le dénivelé, les possibilités de baignade, le temps de marche estimé.

— On s'est levés à six heures et on a fini à dix-huit heures aujourd'hui. Clairement je n'ai pas envie de faire ça tous les jours. J'ai envie de prendre le temps, de me baigner, de profiter, de contempler. À la fin, il n'y avait aucun plaisir. J'sais pas, j'hésite, exprime Amaury

— Je suis d'accord avec toi. La fin d'aujourd'hui était un calvaire. Vraiment longue et douloureuse, sans plaisir.

Je me questionne intérieurement sur la possibilité de modifier mes projets : accepter de réduire la cadence, profiter de ce qui se présente à moi, de ce partage, être dans une plus grande conscience et présence des espaces traversés.

— Je ne comprends pas le besoin d'aller vite. Pour moi, c'est comme si tu ne respectais pas le GR20, la nature...
Silence.
— Je comprends ta vision de la randonnée. C'est clair que j'aime vraiment le sport, transpirer, pousser mes limites. Je ne pense pas pour autant ne pas respecter ce qui est autour de nous. Je le perçois différemment c'est tout. Il est possible d'allier défi sportif et détente, effort et plaisir. Je suis d'accord pour prendre plus de temps, mais j'ai envie de tenir mes sept jours, peut être huit mais pas plus. Dans tous les cas, demain je pars pour deux étapes.
— Montre-moi à nouveau le parcours de demain.

Benoît est partant, Amaury réfléchit, et moi, je suis prête à marcher moins vite, faire plus de pause. Un accord se scelle sous les feux de la pleine lune : doubler, marcher, et se baigner ! Le *trek and chill* commence demain. Chacun rejoint son campement.

Pourquoi je me refuse à augmenter la durée du trek ? Pourquoi vouloir absolument finir le GR en sept jours ? Pourquoi cette compétition avec moi-même ? Ce besoin de me

confronter à mes limites, à la douleur. Qui vais-je décevoir si je ne fais pas ce que j'ai dit ? Puis-je assouplir mon projet ?

La journée repasse devant mes yeux. Je suis fière de ce que j'ai fait. Dans l'ascension vers la Pointe des Éboulis, la météo changeante, la quantité d'énergie déployée et la fatigue physique ont augmenté ma vulnérabilité. Je suis contente d'avoir gardé mon sang-froid et d'être restée dans l'instant présent, de ne pas m'être projetée sur les difficultés à venir, mais de les avoir traversées une à une. Je suis surtout fière d'avoir choisi d'assumer mes états d'âme dans la montée du Cinto.

J'écris à mes amies.

Sasha

Arrivée à la Bergerie de Ballone après une longue, longue, longue étape. Long c'est le mot du jour !!! J'ai dû le répéter quinze fois ! Technique l'étape ! Mais une première baignade, youhou !! La descente était tellement rude, dingue ! Pour la suite, je vais voir. Je ferai peut-être en huit jours. Je ne profite pas assez du GR en fait. Les baignades, c'est toujours vite vite. Je revois un peu ma philosophie ! Entre défi sportif et profiter… Être toujours les yeux sur le temps, ce n'est pas génial. Douleur et plaisir ne sont pas assez équilibrés.

Soline
Fais ce qui est le mieux pour toi ;)

Je m'endors avec la lune pleine éclairant notre petit campement du soir comme un grand phare.

La pleine lune te donne l'énergie pour envisager l'immensité du champ des possibles, la grandeur du réservoir d'énergie mais aussi ses limites.

On ne peut agrandir le temps, l'espace ou les limites de son corps. Il est important de les connaître pour les explorer avec bienveillance et respect de soi, de son intégrité physique et mentale.

La pleine lune t'annonce la récolte, l'abondance, la montée en puissance et le plein potentiel. Elle te montre le chemin parcouru et t'annonce aussi qu'il est temps de te reposer, de profiter des cadeaux de la vie et de tes semences.

La pleine lune t'éclaire suffisamment pour distinguer ce qui est le plus important, ce que tu souhaites conserver, replanter, et laisser se composter ce qui ne te correspond plus, ce qui ne convient plus à ta terre intérieure.

La pleine lune est ronde, accueillante, maternante.
Elle te soutient
Elle apporte conviction et foi.

Les étoiles nous guident et offrent aux voyageurs de lumière un moyen de se ressourcer.

Les voyageurs de lumière sont ces êtres humains qui ont endossé une mission de vie singulière. Ils ont accepté de vouer leur vie à illuminer les cœurs et les esprits de ceux qui sont perdus dans leur noirceur et leurs ombres profondes.

Les étoiles brillent ici et là. Elles préparent l'être à se confronter en confiance à ses évidences, à toutes les facettes de son moi, tristes, cachées, enfouies. Elles enveloppent de douceur l'être en chemin, prêt à éclore de ses marasmes.

Parce que les hommes sont fascinés par les étoiles, et les constellations,
elles leur permettent d'accéder à un monde supérieur, mystérieux, mystique, intense
elles matérialisent une partie de la spiritualité pour l'homme
elles mettent une image sur des mots
elles guident et rassurent
elles sont mouvement et permanence
elles sont fiables

Connais–tu cette constellation-là ?
Ici, est–ce bien l'étoile du Berger ?

7

Les choses arrivent à qui est disponible pour les vivre, les entendre ou les voir. C'est formidable d'être à disposition de son destin. Sinon, que se passe-t-il ? Rien.

Jacques Higelin

Mercredi 2 septembre 2020

Jour 3 - Étapes 5 et 6
Bergerie de Ballone – Castel de Vergio –
Bergerie de Vaccaghja
28 kilomètres 1530m D + 1290 D -

67,6 kilomètres

En m'endormant hier, j'ai repensé à Soline. Avec Aymeric, elle a parcouru ce GR en cinq jours et demi. Ils avaient fini à la frontale dans la douleur, les épaules écorchées, les pieds malmenés. Je me souviens avoir été choquée, voire perplexe, quant à l'intérêt de se mettre dans un tel état physique. Soline avait évoqué la satisfaction à l'arrivée, le partage de ce défi à deux. J'avais eu beaucoup de mal à comprendre. Hier, j'ai compris en partie. Parce que j'ai eu mal, vraiment, mais il n'était pas question de m'arrêter. Finir avec le mental. Cent pour cent de mental.

Depuis le début du trek, le soir, je me couche avec de la satisfaction, des douleurs et des doutes. Le matin, je me réveille avec quelques raideurs, mais sans aucune question ni résistance. Je me mets en mouvement, guidée par ma routine de rangement. Et puis je mets un pied devant l'autre. Deux jours seulement sont passés et la tête a déjà pris le dessus, mettant de côté les plaintes du corps. Je me pensais plus en forme, plus résistante physiquement...

Avec les garçons, nous nous levons à l'aube naissante et décidons de trouver un bel endroit pour petit déjeuner. Je me suis bousculée pour dépasser mes schémas habituels de performance, de compétition et de force. Mais très vite, les doutes s'effacent. J'aime beaucoup cette étape. Contempler. Je ne l'avais pas fait depuis le début du GR. Le soleil a déjà dépassé les sommets quand nous nous arrêtons. Un majestueux pin laricio nous observe. Il en voit passer du monde sous ses grandes branches. Je regarde cet arbre, avec émotion, sans savoir pourquoi, sans chercher à comprendre. Dans notre bulle, je sens l'émotion de chacun d'être ici. C'est beau, intensément beau et paisible. Aucun de nous ne parle. Le silence est précieux et enveloppant. Je me rapproche du grand arbre pour mieux écouter ce qu'il a dire. Je pose ma main sur son écorce. Il est là, veilleur de rêves, veilleur silencieux des randonneurs qui parcourent les flancs de sa vallée.

Nous repartons vers des passages à escalader. Benoît est devant, je suis au milieu et Amaury est à son rythme comme après chaque repas. Grimper, se hisser, pousser, saisir un rocher, une chaîne, suivre une trace, devenue chemin grâce aux seules bandes de peinture rouges et blanches. Ce passage rocheux nous conduit vers le refuge de Ciottulu di Mori. La vallée est plus verdoyante, plus ouverte, moins austère, plus accueillante, plus courte, plus progressive, même si elle est quelque peu aérienne. J'aime être ici, c'est aussi simple que ça. J'aime. Je me répète cela depuis hier, comme pour bien ancrer ce sentiment. Je me sens complètement en vie. Arrivés au col, nous décidons de couper tout droit dans le cirque. Ce passage nous offre un plaisir enfantin. Avec Amaury, sans nous parler, nous nous roulons dans l'herbe qui apparaît sous nos pieds. Nous prenons conscience du bonheur de marcher sur un sol souple après deux jours à arpenter les rochers. Cette plaine herbeuse est délicieuse au point de la sentir, la toucher, la goûter. Quel moment de rigolade ! Amaury est allongé face contre l'herbe, le sac sur le dos et Benoît, maître du temps, bouscule les enfants !

Le chemin est plat et roulant. Nous arrivons rapidement à la hauteur d'un homme septuagénaire, il me semble. Il lance la conversation. Il parle beaucoup, de tout, de rien, de sa carrière d'enseignant, de la Corse, de treks solitaires, de politique. Il a un débit de parole impressionnant, il ne s'arrête pas. Les garçons interagissent un peu avec lui bien qu'il n'ait l'air d'avoir besoin de personne pour dérouler son monologue. Ses expériences très variées dans les massifs corses sont intéressantes, mais je n'ai pas envie de discuter. J'accélère le pas. Je ne sais pas si ce monsieur discute ou s'il pense tout haut. Je capte quelques bribes de la conversation, ni trop, ni pas assez, des phrases comme des éclairs de réflexion.

— Je voulais écrire à Jacques Chirac, dit-il. Je ne l'ai pas fait. Mais cette fois-ci, je vais le faire. Je vais écrire à Emmanuel Macron. Je veux lui poser une seule question : qu'est-ce qu'on veut, mais qu'est-ce qu'on veut vraiment pour nos enfants, pour la société ? Je vais le faire.

Je n'entends pas les voix des garçons. Je n'entends plus rien d'autre que ces mots prononcés avec conviction et qui viennent me percuter. « Qu'est-ce qu'on veut vraiment ? » C'est une vraie question, ça, qui devrait guider nos choix, nos actions, nos rêves. Qu'est-ce qu'on veut ? Oui. Qu'est-ce que je veux VRAIMENT pour moi, dans ma vie, pour les gens qui m'entourent ? Je suis assez bouleversée par ce qui vient de se passer. Seul le paysage me sort de ma torpeur. Les vasques, les rochers polis par l'eau et le temps — l'eau d'un vert profond et glacial.

— On s'arrête ici ? demande Amaury

Devant notre manque de réaction, il insiste :

— C'est beau non ? J'ai envie de m'arrêter ici, vous en pensez quoi ?

— Ouais... Il ne fait pas très chaud... lui répond Benoît

— En même temps, on ne sait pas si on trouvera aussi bien plus tard...

Amaury pose sa dernière carte, quand un rayon de soleil apparaît !

Benoit et moi avons du mal à nous décider, les mots du trekkeur philosophe le font pour nous :

— Il ne faut jamais avoir à se dire : si j'avais su... Bon trek ! déclare-t-il avant de nous quitter d'un pas décidé.

Nous posons de concert nos sacs et nos fesses par terre, sans plus de réflexion.

Saisissant ! Chacun notre tour, nous nous élançons comme des enfants dans ce bain glacé. Difficile de faire une phrase fluide une fois dans l'eau. Wouuuuu! Souffle saccadé, rires hachés ! Deux filles parties de la Bergerie ou du refuge précédent nous dépassent avec le sourire. Elles demandent si l'eau est froide, semblent hésiter à nous rejoindre, mais décident de repartir. Elles ont une grosse journée. Je suis elles. J'ai été elles les deux premiers jours. J'aurais pu être elles pendant sept jours et passer à côté de cet endroit et de cette franche camaraderie. Je suis moi, en perpétuelle évolution. Nos corps se relâchent une fois sortis de l'eau. Le mental aussi. Si on pouvait lire, sécher, se baigner, faire la sieste, lire à nouveau... Mais il y a les sept jours... Le *trek and chill* a ses limites ! L'heure tourne aussi vite que le soleil disparaît. Nous repartons. Nous ne trouverons pas d'autres coins comme celui-là. Nous avons évité ce « si j'avais su »...

Benoît s'est placé en meneur d'allure rythmée et régulière. Le terrain, en sous-bois, est sans embûche. Je baisse ma vigilance et offre de la place au vagabondage de mes pensées. Je revois cet homme qui ne semblait ni en colère ni en accord avec son temps, ni vraiment ici ni ailleurs non plus.

— Il en avait des choses à dire le type de ce matin. Il parlait trop pour moi, désolée je vous ai laissé lui tenir compagnie. Vous avez retenu ce qu'il a dit ?

— Il enchaînait sur tous les sujets. Il est prof de lettres.

— J'ai capté une seule phrase de son discours. Son envie d'écrire une seule question au président... « Qu'est-ce qu'on veut, qu'est-ce qu'on veut vraiment ? » Vous avez entendu ? C'est une question simple, mais elle est dingue d'intérêt. Vous savez ce que vous voulez vraiment, vous ?

Aucun de nous trois n'a une réponse immédiate ou spontanée à cette question sérieuse.

Car ce « vraiment » fait appel au cœur plus qu'à la tête.

À ce truc urgent qui ne peut pas être étouffé, qui fait naître une émotion.

À cette chose qui doit s'exprimer et pour laquelle on fait des choix, on cherche des solutions.

À cet élan qu'on pourrait presque craindre de dévoiler.

Un « vraiment » qui met à nu celui ou celle qu'on est.

Un mantra à se remémorer régulièrement comme une mise à jour précieuse entre l'Être, la direction prise et les actes posés dans sa vie.

Ces échanges éphémères, ces rencontres furtives ne tiennent à rien. Un ralentissement, un lacet qui se défait, quelques secondes de plus passées dans l'herbe. Répondre au besoin de s'extraire d'une discussion pour finalement n'en garder que l'essence, l'essentiel, ce qui fait sens pour nous.

Le bon moment, la bonne personne, le bon endroit.

« Ce que j'aime dans la rando, ce sont les rencontres », me répétait Jean, pour se moquer gentiment de moi. Mais oui, je confirme ! La randonnée offre autant d'espaces de solitude que de temps de partage, de découverte, d'échange. Une rencontre ici dans la Nature ou n'importe où ailleurs peut devenir l'amie d'une vie, comme une compagne de quelques jours, ou de quelques minutes. Je suis heureuse de marcher avec Benoît et Amaury. Leurs rires, leurs blagues, nos discussions. Je ne sais pas si une amitié se développera, lorsque nos vies reprendront leur cours, si nous aurons quelque chose à nous dire en dehors de cette expérience qui nous rapproche. Finalement, est-ce important ? Toutes les relations ne sont pas vouées à durer dans le temps et il suffit parfois d'apprécier seulement la qualité de l'échange, du partage. Elles offrent, à un moment donné, sans chercher à retenir ou à forcer.

Pour le moment, cette journée de marche n'est pas difficile. Le terrain est globalement plat, enfin il semble l'être ! Car de vallée en vallée, les kilomètres se cumulent, le dénivelé aussi. Les garçons mènent le rythme et leurs grandes jambes avancent vite ! Nous arrivons à Vergio. Je reconnais immédiatement les hôtels, le parking, le départ de notre randonnée à l'été 2014. Je ne dis rien. Je ne suis plus tout à fait dans le moment présent de ce 2 septembre 2020.

Je pense à lui, cet homme qui a partagé ma vie depuis notre rencontre à dix-huit ans. Il était là.

Je pense à elles, mes amies, les plus chères. Elles étaient là, aussi.

Sur les trois couples du groupe d'amis venus vibrer dans le cirque de la solitude, un seul a tenu le temps, supporté les hauts et les bas de la vie à deux. Alors quand je traverse Vergio, mon esprit fait un bond dans le passé. J'aperçois le taxi qui nous avait déposés pour un trek express.

Je me vois, moi, et les autres, partir de bon cœur vers Ciotullu. Finalement, depuis deux jours, je rebrousse le chemin emprunté avec mon ex, la vie d'avant comme on dit. Je rembobine le film, les bons souvenirs comme les regrets, les derniers « pourquoi et comment »... Je vais dépasser Vergio, traverser la route asphaltée et entrer dans le bois vers le Sud, vers un chemin inconnu. Je charge une nouvelle bobine, à découvrir, à dérouler.

Ces derniers mois, mon cœur et ma tête ne trouvent pas d'accord. Je tente de dénouer les nœuds de ma rupture. Les « et si... », les doutes, la culpabilité, le manque. Tout cela, en expérimentant une vie qui me plaît, faite de choix vibrants et nourrissants, de treks et de nature, d'épanouissement professionnel. Je me sais sur le bon chemin. Mais putain que c'est douloureux, un peu comme ce GR d'ailleurs. Chaque arrivée d'étape est un soulagement, une fierté, une confirmation, un pas de plus vers le but à atteindre. Mais dans les histoires de cœur, comme en rando, il y a parfois ce « mais » qui défie Détermination et Persévérance. S'arrêter ou poursuivre ? Faire demi-tour ? Quel itinéraire emprunter ? Ne pouvions-nous pas partager ensemble cette vie-là ? Étions-nous devenus si différents pour ne pas continuer à grandir côte à côte ? Est-ce une question d'amour ? Nous aimions-nous comme des am-oureux, des am-ants, des am-is, des âm-es sœurs ? Oui, avec des si, je pourrais refaire le monde. Tout se passe comme il se doit. Cette phrase est aussi juste qu'elle est difficile à entendre et admettre. J'ai foi en cette manière d'appréhender la vie et ses évènements, mais dans les moments de fébrilité et de fatigue, la confiance en quelque chose de plus grand est plus délicate à maintenir.

« Je viens de me séparer... » J'ai répété ces mots pendant si longtemps ! Non « je ne viens pas », car la rupture date d'il y a bientôt deux ans ! C'est long et ce n'est rien à la fois dans une vie, un peu comme cent quatre-vingts kilomètres de marche. Clore pour éclore. Je regarde six personnes, chères à mon cœur, partir de l'autre côté, vers Ciottulu, vers nos anciens souvenirs. Je clos la partie nord du GR. Mon cœur est partagé entre paix et douleur. Il est à l'image de mes jambes écorchées par la roche de Carrozzu ou d'Asco. Je souris, car j'ai toujours aimé ces marques d'aventurière qui cicatrisent et laissent parfois la trace d'une expérience, d'un souvenir, d'une histoire à raconter. Mais les cicatrices du cœur sont moins marrantes, moins visibles, plus tabous. J'en prends moins soin, je ne passe pas d'arnica, de gel, de baume. Je fais comme si de rien n'était. Je force, je mets un pansement à la va-vite en me disant que ça finira bien par passer. Mais au moindre choc, la blessure s'ouvre à nouveau, la douleur se ravive. Une grande différence naît dans mon esprit. Je ne veux plus m'identifier à cette rupture, faire que ma vie tourne autour d'elle, comme si je n'étais plus qu'elle. Cela me demande avant tout d'accepter que le souvenir soit toujours douloureux, ici, dans mon cœur. Et que c'est comme ça. Peut-être le restera-t-il ? Peut-être deviendra-t-il plus doux avec le temps ? Accepter. Aller vers la résilience.

> Je ne t'ai pas dit d'écouter le vent,
> mais de le sentir.
> Tes cheveux caressent ton visage.
> C'est lui.
> Le sens-tu murmurer son message ?
> Arrête-toi un instant.
> Tu es vivante. Je suis vivant. Je suis partout pour soutenir et pousser cha-cun vers le meilleur. Va, vis et deviens.

La route jusqu'à la bergerie de Vaccaghja me laisse du temps pour réfléchir à tout cela, et plus encore. Erreur de parcours. Tête baissée, nous avons manqué l'embranchement. Un bruit ou un vague ressenti me fait m'arrêter. Nous cherchons nos traits rouges et blancs, sans succès. Demi-tour. « Allez, tu passes devant, tu donnes la cadence. » Les garçons me poussent à l'avant du peloton. Je me lance dans un train d'enfer, par peur de ne pas aller assez vite, mettre sur un faux rythme leurs grandes jambes. Depuis ce matin, chacun y a mis du sien, allongeant les foulées, augmentant la cadence des pas, pour contrebalancer le temps de baignade. Sauf que là, nous sommes en montée ! J'arrive au col de Saint-Pierre liquéfiée ! Je retiens mes suffocations, mais finis par souffler comme un bœuf. Je regarde droit devant moi. J'entends Amaury rigoler à côté de moi.

— C'est ça de marcher trop vite !

— On t'a vu partir d'un coup !! renchérit Benoît.

— Je ne sais pas ce qui m'a pris. Mais depuis ce matin, on marche plutôt vite. Vous avez donné le ton. Du coup, je me suis mise dans ce même mode.

— Ouais, mais là, on était en côte !

— En vrai, j'avais peur de vous mettre sur un mauvais rythme.

— C'est pas une course. Tranquille. Nous, ça nous va aussi, « tranquille » !

Je transpire à grosses gouttes. Je suis aussi penchée que les hêtres battus par les vents. Je prends la situation avec dérision, mais je me sens franchement ridicule d'avoir réagi comme cela. Mon cerveau a allumé toutes les alarmes avec une seule phrase. « Allez tu passes devant, tu donnes la cadence. »

Ne pas flancher, être à la hauteur, prouver. Encore. Toujours.

En quelques mots, j'ai plongé dans le grand bain de la performance. J'ai nagé avec toutes mes émotions, mes peurs, mes croyances, ce système de pensée bien ancré en moi. Je suis incapable de dire combien de temps cette ascension a duré. Je ne perçois que l'effort et la pression que je me suis mise. Je n'ai pas réussi à sortir du tourbillon mental et émotionnel.

J'apprends. Encore. Toujours.

Les garçons sont prêts à repartir. Ils ne me laissent pas vraiment le temps de récupérer. Et au fond, tant mieux. Le brouillard s'est levé. J'essaie de ne pas me faire trop distancer. Le lac ne devrait plus être très loin. Et comme une récompense, le manteau de nuages s'ouvre. Le célèbre lac de Nino apparaît sous nos yeux. Un grand plateau verdoyant perforé de pozzines (des trous d'eau), s'étale entre les montagnes. Des vaches, des chevaux y paissent. Au loin, une petite forêt et le chemin vers la bergerie de Vaccaghja. Nous prenons quelques minutes pour goûter et profiter de ce lieu qui respire la magie. J'ai retrouvé un peu d'énergie et le sourire. Nous longeons le lac sous une lumière solaire de fin de journée. Arbustes, arbrisseaux, chênes champêtres sont des maisons de fées. Nous nous attendons à voir apparaître la bergerie après chaque virage. Mais elle ne vient pas. Alors à nouveau, la longueur de l'étape du jour s'empare de nos corps et de nos têtes. La douleur de mon orteil se réveille. Les tensions dans les genoux se font sentir. Nous entrons tous les trois dans un silence naturel. J'entre dans une phase de marche méditative. J'oscille entre agacement et émerveillement. Mon esprit balance entre la beauté de ce lieu et mon mental qui me lâche. L'instant présent. Observer. Je mets toute mon attention sur ma respiration. Observer mes émotions, mes douleurs, ce qui se passe à l'intérieur de moi, sans jugement, sans rien vouloir changer, sans chercher à lutter ou expliquer.

Je suis attentive à l'air qui entre dans mon nez, ma trachée, mes poumons. L'air plus chaud qui en ressort. Doucement. Calmement. J'en ai marre… Bientôt. Peut-être après ce… J'inspire. L'air entre… Je sais que j'inspire. J'expire. J'inspire. J'expérimente à nouveau la pleine conscience en mouvement, comme il y a quelques années, à Étretat, après les vingt-cinq premiers kilomètres d'un trail.

Respirer dans les espaces de douleur de mon corps. Ne pas les nier. Accueillir mon état émotionnel et physique. Je respire par mon orteil, mes genoux, comme si mes poumons étaient à ces endroits précis et que les échanges d'oxygène se faisaient ici. J'avance ainsi. C'est long, mais j'avance. La douleur est toujours présente, mais elle prend moins de place.

Une clôture, un bout de toit, des visages familiers ont la capacité d'effacer toutes les ruminations en un instant. Serge, Yves, Carla et Rémi sont attablés, prêts à manger avant de filer dans leurs tentes. Ils nous accueillent avec le sourire et la Pietra à la main. Carla me prévient :

— La douche est magique ici. L'eau est vraiment chaude. Tu vas adorer.

Ces quatre randonneurs se sont rencontrés au repas de Ballone et ont décidé de se suivre, ayant le même objectif, huit jours, et la même formule de trek. Chaque soir, ils déposent leurs affaires dans les tentes préinstallées par les gardiens et déjeunent et dînent chaque jour dans les refuges et bergeries. Option trekking léger. En parlant de tente, je pars installer la mienne rapidement, car il est tard… Nous avons marché pas loin de douze heures aujourd'hui. Je réalise les mêmes gestes depuis quatre jours. J'aime beaucoup ce temps.

Je me souviens de ma première expérience de bivouac toute seule. Pas très concluante ! Partie trop tard de chez moi, j'avais dû traverser une forêt envahie par la nuit. Le vent s'était levé et je n'avais jamais installé ma tente seule. Le lieu choisi n'était pas idéal non plus. Mauvaises fixations des sardines, météo changeante, j'avais tenu quatre heures avant de tout remballer précipitamment et retourner à la voiture à deux heures du matin. Je manquais tellement de sérénité que j'avais même choisi de rentrer par le sommet du puy de Dôme pour ne pas avoir à passer à nouveau dans la forêt ! Trois cents mètres de dénivelé en pleine nuit, le prix à payer pour ma peur ! Une fois atteint le chemin des chèvres, j'avais pu retrouver calme et paix intérieure. Je ne risquais plus vraiment de face-à-face avec un sanglier. En arrivant là-haut, sous la lumière lunaire de la station météo et de son antenne, le site archéologique romain, les courbes de ce puy désertées de toute âme humaine révélaient un cocon accueillant. Puis j'avais dévalé le chemin des muletiers en courant ! Depuis cette anecdote, j'ai gagné en efficacité pour choisir mes lieux de bivouac et dans l'installation de mon campement. La réussite est une suite d'erreurs rectifiées. Tapis de sol, arceaux, toile, toit, sardines. Gonfler le matelas, sortir le duvet, sortir le repas et le petit déjeuner. Poser mes chaussures, enfin. Chaussettes chaudes. Claquettes. Polaire. Doudoune. Pour le moment, cette routine n'est pas un ennui. Elle clôt la journée et ouvre aux surprises du jour suivant.

Place à la douche. J'ai hâte. Magique est le terme tout à fait approprié. Un lieu de bonheur en gouttelettes, face à la montagne. Une petite cabane en bois, juste à ma taille. J'ouvre la porte et me laisse saisir par la chaleur de la vapeur d'eau des douches successives. Un hammam en pleine nature. Ne pas sortir, rester au chaud, dans cette bulle. Dehors, le froid est mordant. Le soleil tombe vite derrière les sommets comme la température. Le coucher de soleil est très beau. Je contemple ce qu'il a à dire, à exprimer, dans son jeu de couleurs entre nuages et montagnes. J'enregistre quelques vidéos sur mes états d'âme, sur ces trois jours passés. J'ai froid, mais je suis bien. Demain, c'est tout droit, là-bas.

À la lueur de nos lampes frontales et des flammes des réchauds, nous discutons un peu plus de nos vies et de nos voyages solitaires. Benoît et Amaury sont adeptes des grandes traversées à vélo. Ils se sont rencontrés sur leur ancien lieu de travail à Paris. Avancer, découvrir, ne pas attendre l'autre pour agir, se mettre en mouvement, nous nous comprenons sans vraiment nous connaître. Une certaine pudeur persiste. Nous ne cherchons pas à savoir ce qui a conduit chacun à ses aventures en solitaire.

Depuis le début du trek, je n'ai rien écrit. Je n'ai ni l'énergie ni l'envie. Au mieux, blottie dans mon duvet, je regarde quelques photos du jour et assez vite, je pense à l'étape du lendemain, la météo, la difficulté, le refuge à atteindre, puis je dors, rien de plus. Mon cerveau qui a dû être attentif, des heures et des kilomètres, a accumulé tellement d'informations qu'il n'a plus la disponibilité pour réfléchir. Ce soir, Amaury et Benoît n'ont pas encore décidé de leur programme ni s'ils me suivront pour la troisième double étape. Je pars à sept heures.

L'eau suit le courant. L'air balaie le chemin. Je suis le vent qui te porte. Tu peux t'appuyer, me laisser te pousser, t'envelopper, te soutenir.

Quand on porte un chagrin, il faut le porter loin pour le laisser un peu s'égrener sur la route.

Maurice Magre

Le processus de nettoyage est en cours.

Tourner la page est un deuil. Le deuil de ce qui n'est plus. Il y a la mort, bien sûr, mais aussi les ruptures amoureuses, les changements de travail, les déménagements, un accident, une étape de la vie (les enfants qui partent du nid, la ménopause, la retraite…). Tous ces changements demandent de tendre vers une acceptation de ce qui n'est plus. Chacun, en fonction de son caractère, son histoire, son environnement et l'évènement vécu, traverse des étapes, plus ou moins longues et douloureuses.

La tête peut dire « je passe à autre chose », « il y a pire que ma situation », mettant le cœur en sourdine. Le chemin vers la résilience demande du courage, celui de regarder à l'intérieur la douleur créée par ce qui n'est plus. Écouter le cœur, ses cris, ses pleurs, ses peurs. Accepter. Faire un avec ce qui ne peut être changé.

Reconnaître
Observer le corps, le cœur
Accepter ce qui se manifeste
Et doucement, au rythme de chacun, accepter ce qui n'est plus
Sans renier la douleur
D'une cicatrice imparfaite

Son processus de nettoyage est en cours pour quelques jours.
Je la soutiens.

Elle a les capacités de traverser tout cela.

Je lui murmure...

Rappelle-toi : tout ce qui t'éloigne de quelqu'un ou de quelque-chose, te rapproche de ce qui est fait pour toi.

N'oublie pas : où sont tes pieds, tu es à ta place.

Bientôt sur ton chemin, tu rencontreras des âmes végétales pour t'accompagner.

Garde confiance en toi, en moi, en la vie.

Où sont vos pieds, vous êtes à votre place.

L'Univers

8

Rappelons-nous que nos esprits ne nous confient que des tâches que nous sommes en mesure d'accomplir.

Edward Bach

Jeudi 3 septembre 2020

Jour 4 - Étapes 7 et 8

Bergerie de Vaccaghja – Refuge de l'Onda

18 km 1530 D + 1280 D -

85,6 kilomètres

J'ai passé la nuit à me moucher. Du « bonne nuit » de la veille, seul le mot « nuit » est à retenir. Je n'ai quasiment pas dormi, me mouchant toutes les dix minutes. Le rouleau de papier toilette est vide et la pile de mouchoirs est grande. Je pense Covid, rhume, allergie. Je ne sais pas, mais c'est intense. Ni repos ni récupération ne m'ont été permis cette nuit. Le réveil sonne au moment où je réussis enfin à fermer les yeux. Repartir, trouver l'énergie, me moucher, marcher, me moucher encore.

Je me lève avec le soleil, face à une plaine gelée. Le ciel est dégagé et la pénombre s'efface doucement. Pour la première fois, les mains sont froides et piquantes. Benoît et Amaury ont choisi de partir avec moi. Nous nous dirigeons vers la brèche de Capitello. Nous dépassons deux papis de quatre-vingts ans. Ces deux meilleurs amis se sont lancé le défi de réaliser ensemble le GR20. Nous avons tous beaucoup d'admiration. J'ai de la tendresse pour leur amitié. Nous parcourons avec fluidité cette montée en lacets, sous le cliquetis minéral du pierrier de granit rose.

S'arrêter. Se retourner. Les flancs de montagne laissent la mer apparaître à nouveau.

S'arrêter. Lever la tête. Des roches déchiquetées suggèrent un soleil montant et radieux. Nos visages rayonnent autant qu'ils luisent.

Bouche bée. Plus étroit, plus encaissé, ce cirque nous offre un spectacle que nous n'attendions pas ! Les lacs de Capitello sont à quelques dizaines de mètres à l'aplomb du col où nous nous trouvons. Bleu profond, comme un lapis lazuli déposé au milieu des montagnes. Grandiose. Nous prenons le temps d'un petit déjeuner et de la contemplation. Nous observons la célèbre brèche de Capitello en face de nous. Une longue paroi équipée de grosses chaînes est à descendre. Je prends un plaisir fou et enfantin qui m'étonne. L'équilibre dans l'instabilité. Je me mets dos au vide sans difficulté. Les garçons sourient. Il y a deux jours, dans la descente des dalles rocheuses en direction de Tighiettu, ils m'ont accompagnée pour me permettre de dépasser la peur de tourner le dos au vide. Compétence validée une deuxième fois ! Le panorama se transforme. L'horizon est moins abrupt, moins haut. Cinq chaînes de montagnes se succèdent devant nous, avant la mer. Nous voilà à la moitié du GR20 !

Quelques mètres auront suffi pour faire disparaître la légèreté du moment. Amaury se tord la cheville et je commence à faiblir. Je n'ai pas de souvenir de cette partie du parcours. Une longue descente vers Petra Piana et des mots échangés entre Benoît et un homme d'une quarantaine d'années, rien de plus. À ce moment-là, un seul besoin m'importe : une sieste pour pouvoir continuer. J'ai un tel besoin de dormir. Mais je ne veux pas m'arrêter ici pour la nuit. Dormir, me reposer, récupérer des forces pour reprendre le chemin. Dormir... Il faut que je me repose. J'étends ma tente trempée de la nuit, je prends un cachet de paracétamol et m'endors en quelques secondes.

Benoît me réveille. Il m'a laissé dormir un peu plus long-temps que prévu. J'ai la sensation d'avoir sombré dans un sommeil profond pendant des heures. D'ici, deux itinéraires rejoignent le refuge de l'Onda. Le temps n'est pas génial, mais il n'y a pas encore de pluie. Nous choisissons les crêtes. Chemin sauvage, abrupt, engageant dans sa première partie et sans difficulté dans le sens de la descente. Beaucoup de rires et de blagues percent la grisaille qui nous entoure. La réputation des lasagnes de l'Onda nous motive. Je laisse mes jambes prendre de la vitesse. Freiner chaque pas m'est plus douloureux. Je cours pour arriver plus vite, avoir moins mal. Paradoxe. Je me sens voler. Je rêve d'un sac léger.

Timing presque parfait. Une grosse averse se met à tom-ber alors que nous arrivons sous la terrasse couverte du re-fuge. Il est plein à craquer. Je dis presque parfait, car il ne reste qu'un seul plat de lasagnes. Nous en rêvons depuis des heures... Les garçons insistent pour que je le prenne. Partager me semble être plus juste. Nous retrouvons à notre table, Rémi, Carla et deux filles que nous n'avons jamais croi-sées. Elles mangent peu et finalement, le partage des plats est presque collectif. Nous faisons plus ample connaissance avec ce couple de sportifs venu de Reims. Le GR20 est leur première expérience de trek. C'est le cas pour de nombreux jeunes croisés ici. La Corse rend la randonnée plus attractive, plus sportive, moins ringarde et ouvre à une autre approche de la montagne. Déjà, Carla fourmille d'envie de parcourir d'autres GR, découvrir de nouveaux treks. Demain, elle repart avec son chéri et le duo du Jura, à sept heures pétantes.

La pluie a cessé. Nous allons pouvoir monter les tentes au sec. L'aubaine ! Un coucher de soleil flamboyant nous accompagne. Tout est gris sauf le sommet de la montagne surplombant l'Onda qui s'embrase d'un rouge vif. Le temps s'arrête. La fourmilière s'immobilise. Tous les yeux du refuge se tournent dans la même direction, avec le même regard lumineux et heureux.

Aujourd'hui c'était fou… comme les autres jours.

Je regarde les photos et je me rends compte d'à quel point ça l'est, fou ! Je culpabilise parfois de prendre autant de photos. Pourquoi ne pas profiter du spectacle rien qu'avec mes yeux ? Est-ce que prendre des photos limite la pleine conscience, met de côté l'Instant ?

La manière dont j'ai décidé de faire le GR20 me demande de l'intensité, de la vigilance, de la lucidité. Aller vite en sécurité. L'effort physique et la concentration sur ce trek prennent toute l'énergie disponible. Aujourd'hui, nous avons parcouru vingt kilomètres, cinq versants de montagne, quatre cols, un plateau, deux lacs, des forêts, du brouillard, du soleil, des instants de grâce… Chaque jour est un véritable défilé d'émotions, de spectacles vivants et d'efforts. Beaucoup d'informations s'enregistrent dans ma mémoire en mode automatique.

Un paysage

Une odeur

Un arbre remarquable

Une phrase

Une pensée

Je ne peux pas intégrer tout ce que je vis dans l'instant. Les photos sont une suspension de l'image, un « pour plus tard... », pour quand je serai prête à saisir pleinement toutes les dimensions de mon aventure. À chacun de mes voyages, au moment de faire les albums, je plonge dans les photos comme dans une salle de cinéma.

Je deviens spectatrice. Je prends plaisir à regarder de belles montagnes, des sourires, des fleurs...

Je deviens critique. Je prends de la distance, j'analyse, je comprends, je saisis les dynamiques, les liens, les difficultés, les solutions...

Je reste actrice. Je plonge dans le film de mes souvenirs... Avec qui j'étais, ce qui se passait, les émotions ressenties. Le cerveau ne fait pas la différence entre le moment présent et le souvenir, les mêmes zones cérébrales s'activent. L'émotion est vécue à la même intensité. Penser à un bon souvenir, se le remémorer dans le détail est un shot de sérotonine. Bien sûr, ceci est aussi valable pour les mauvais souvenirs.

Enfin, je suis aux archives, car reprendre les photos est aussi une façon pour moi de mettre de l'ordre, de mettre en mémoire, d'ancrer chaque détail.

Ce soir, en regardant les clichés du jour, je ne capte pas encore tous les messages et enseignements de ce que je vis ici. Comme tout effort de longue distance, je sais que ce GR est profondément spirituel dans le sens d'une connexion à la nature, à plus grand que soi et à soi-même, ses profondeurs, ses motivations conscientes et inconscientes. Ce midi, le passage à Vergio m'en a donné un aperçu, mais je ne me penche pas davantage sur cette dimension pour le moment. J'investis chaque journée les unes après les autres : un point de départ, un point d'arrivée. Je suis avant tout dans le mental, plus ou moins connectée à mon corps. Chaque chose en son temps.

Et ce soir, le temps est aux « au revoir ». Amaury et Benoit ont décidé de ralentir le rythme demain : « grasse matinée et *chill* » a annoncé Amaury avec un grand sourire. Nous faisons un bilan rapide de ces trois jours ensemble. Il y eut de bons moments de fous rires, de partage, de moqueries, de ras-le-bol, de beaux paysages contemplés. Je ressens aussi une profonde gratitude d'avoir partagé ces étapes à leur côté, de m'être sentie soutenue dans les moments plus difficiles et de m'être autorisée à ralentir la cadence avec eux.

« Merci. »

> Reste alignée à tes valeurs, même quand tu as froid ou qu'il y a moins de lumière autour de toi et à l'intérieur. Pense à cette petite flamme que tu portes dans ton Cœur. Redonne-lui sa couleur rouge intense.

Ce n'est que dans l'aventure que certaines personnes réussissent à se connaître, à se retrouver.

André Gide

La transformation intérieure est le passage d'un état à un autre, du connu à l'inconnu. Ce passage est plus ou moins étroit, confortable, éprouvant, déstabilisant. Il est une forme d'accouchement de soi, de son être profond, la traversée d'un tunnel au bout duquel s'établit un nouvel équilibre intérieur.

Je ne doute pas qu'elle saisisse, au moment voulu, les enseignements de ces cent quatre-vingts kilomètres qu'elle parcourt et des rencontres qu'elle vit. Doucement aurait pu être une voie plus rapide pour aller où elle veut. Elle en a décidé autrement. Il lui faut vivre ses excès pour les reconnaître, les accepter et s'ouvrir à des possibilités nouvelles.

La transformation intérieure, comme la marche, est une succession de déséquilibres, créant un équilibre en mouvement. Il y a des pentes à grimper, des efforts plus soutenus à fournir, des descentes plus ou moins raides, des phases de plat, calmes et aisées, des chemins à flanc de falaises, tout près du vide, en hauteur, encaissés, instables, acérés, fleuris, demandant toute la concentration de celui ou celle qui les emprunte. Être en mouvement est la source de la transformation, mais il est parfois bon de savoir s'arrêter, de recouvrer des forces physiques et mentales pour reprendre la route dans de meilleures dispositions. Le doute, la peur, la douleur font partie de ce chemin autant que les joies, les réussites, les avancées, la sérénité. Et si le chemin vous semble trop long ou sinueux, délivrant peu d'informations sur la suite du parcours, prenez le temps de vous retourner.

Avez-vous déjà observé le chapelet de vos pas dessinés dans la neige ou le sable ? C'est amusant de voir cet enchaînement de pas, dans des espaces parfois vierges de toutes autres traces, et dans d'autres, où toutes les trajectoires individuelles se superposent ou se croisent, se suivent. Alors, souvenez-vous, que le meilleur outil face au découragement et pour retrouver de la confiance, est de se retourner et de regarder tous les pas que vous avez déjà faits, tout ce que vous avez accompli, plutôt que de pointer ce qui est manquant ou ce qu'il reste à parcourir.

L'Univers

9

Vendredi 4 septembre 2020

Jour 5 - Étapes 9 et 10
Refuge de l'Onda – Col de Vizzavona –
Refuge de Capannelle
23,4 km, 1580 D+, 1390 D-

109 kilomètres

Je ne traîne pas ce matin. La tente des garçons ne bouge pas d'un poil alors que tout le refuge s'agite autour d'eux, chacun remballant son matériel à la hâte. Dans les refuges, les lampes s'éteignent très tôt le soir et le mouvement du matin se fait bien souvent avant le lever du jour.

Hier soir, Carla m'avait prévenue de leur départ à sept heures. Il est six heures quarante. Leurs sacs prêts, ils avalent leur petit déjeuner. J'ai bien compris qu'ils étaient on ne peut plus ponctuels. Je me dépêche de ranger le contenu de mon sac, puis je fourre la tente trempée par la pluie du soir et la rosée du matin dans un sac étanche. Je les vois se remettre en mouvement et je sais qu'ils ne m'attendront pas.

J'ai l'impression de petit déjeuner en même que je me brosse les dents !

Le tout petit monticule de mouchoirs que je jette témoigne d'une meilleure nuit mais je sens que la fatigue m'a impactée. J'effleure ma lèvre du bout des doigts. Bouton de fièvre. Super... Je mets de côté cette information, je verrai plus tard. Je rejoins les quatre compagnons du jour.

Un gros dénivelé matinal nous attend avant de redescendre vers la cascade des Anglais. Le rythme est sportif et je me sens à nouveau portée par cette part de moi qui s'interdit de faiblir. Nous choisissons de nous baigner dans une vasque avant les célèbres chutes d'eau, très fréquentées car facilement accessibles depuis Vizzavone. Je saute sur l'occasion pour déplier la tente. Chaque jour, elle est très humide et je ne suis pas tranquille jusqu'à ce que je puisse la faire sécher. Je ne sais pas comment je réagirais dans le cas où je devrais dormir dans une tente toute mouillée. Je crains d'abîmer mon duvet, que l'humidité s'installe dans toutes mes affaires. Un jour, je serai confrontée à cette situation mais, pour le moment, je ne m'y sens pas prête. En quelques minutes, le soleil fait son travail et me libère d'un poids. Je peux désormais prendre le temps. Je laisse le quatuor repartir pour profiter un peu plus longuement de la baignade et de ce lieu. En contre bas du chemin, moins visible, c'est un endroit paisible. Comme dans un jardin japonais géant, l'eau coule sur la paroi rocheuse grise pour se jeter dans une vasque d'eau turquoise. En silence. Il n'y a que l'eau et moi. Je suis dans ma bulle, un autre monde, mon monde. Je suis pleinement présente à ce que je fais. J'ai rejoint la cascade des Anglais. Je vois les gens autour de moi. J'entends les enfants qui sautent, des jeunes qui discutent. Mais j'ai l'impression que nous sommes dans deux espaces-temps différents. Je fais l'effort de m'extraire de ce temps suspendu pour reprendre la route. Je grimpe d'un pas rapide jusqu'au col de Vizzavone où mes compagnons du jour se sont arrêtés pour manger. Je fais le plein de provisions… Gâteaux fourrés au chocolat, saucisson, fromage. Très équilibré ce trek ! Plus sérieusement, je commence à manquer de végétaux, de vitamines. Je me ravitaille tous les deux jours dans les épiceries des refuges. Du thon, des œufs, du chocolat. J'ai encore quelques sachets de semoule dans mon sac. Davantage de protéines ou de vitamines ne seraient pas un luxe.

Je m'autorise bien à m'arrêter manger dans les refuges, en cas de grosse faim, d'un menu particulièrement alléchant ou par l'envie de partager un moment avec d'autres randonneurs ou amis. Ce fut d'ailleurs le cas à la bergerie de Ballone le premier soir, puis hier à l'Onda, mais en général, j'aime l'autonomie dans le trek parce qu'elle est justement une occasion privilégiée de revenir à l'essentiel. Rompre quelques jours avec les habitudes, le rythme et le confort quotidien. Exit le « entrée-plat-dessert », « il faut manger entre midi et deux ». J'aime manger avec les doigts. Des aliments simples. Quand je veux. Où je veux. Et surtout assise par terre. Je mange davantage en conscience, sans téléphone, sans me préoccuper des rendez-vous, des heures de coupure. Marcher, manger, dormir, marcher… Et puis porter ce que je mange change nettement la perception de la nourriture. J'apprécie chaque bouchée. J'honore chaque aliment qui me permet de poursuivre mon effort. Je ne suis pas submergée par la faim, je n'ai pas de compulsions alimentaires, alors que je mange pourtant moins que d'habitude. L'alimentation émotionnelle s'apaise considérablement en randonnée. « Vivre d'amour et d'eau fraîche. » Joli dicton qui m'amène une réflexion. Jour après jour, la Nature remplit les yeux, nourrit le cœur, fait vibrer chaque cellule de mon corps. Vivre dans l'instant présent éloigne l'agitation. Être dans la simplicité ouvre la conscience aux besoins réels. Faire ce que l'on aime renforce l'amour de soi. Vivre d'amour et d'eau fraîche, comme si pleine de cet élan du cœur envers moi, envers les autres, la nature, l'alimentation reprenait sa juste place : fournir, dans le plaisir du repas, les calories nécessaires au bon fonctionnement du corps, ni plus ni moins. En tout cas, j'aime l'idée que la Nature est une nourriture vers l'équilibre intérieur.

Nous repartons tous les cinq pour une longue phase d'ascension, techniquement facile (traduction : il n'y a pas de rochers ou de pierres), mais raide. Le rythme est toujours soutenu jusqu'à se lancer des défis dans les côtes. Les points de vue aux cols sont de plus en plus dégagés, le relief devant nous de plus en plus doux. La mer apparaît clairement. Nous passons de forêt en forêt. Les bergeries d'Alzeta ponctuent la prairie de leurs toits rouges. Certains arbres aux formes étonnantes nous offrent leurs sourires. La végétation a vraiment changé. L'atmosphère est différente de celle du Nord. Un parfum attise mes sens. Autour de nous, s'étalent des massifs d'hélichryses italiennes, plantes endémiques aux petites fleurs jaunes. Ces soleils d'or ont une odeur forte et envoûtante. Nous nous arrêtons quelques minutes pour sentir ces fleurs et échanger sur leurs propriétés. J'utilise l'immortelle de Corse (son autre appellation) après une chute, un coup, une entorse. Son huile essentielle permet de réduire très efficacement les hématomes. Elle dissout les bleus du corps. Mais elle apaise aussi les bleus de l'âme, issus de tous les chocs, les deuils, les ruptures qui ont marqué l'être en profondeur. Depuis plusieurs années, des flacons d'huiles essentielles trônent un peu partout chez moi. Les plantes et leur essence ne se définissent pas uniquement par des molécules biochimiques et des indications pour les maux physiques. Elles ont aussi un caractère, une intelligence, des émotions et s'adressent subtilement à l'être humain, dans une véritable rencontre d'Âmes. « La nature ne cesse de nous parler. À nous d'arrêter d'être sourds. » Voilà une bonne introduction de Didier Van Cauwelaert à la reliance entre l'homme et la nature.

Se relier à une plante est une communication entre êtres vivants, un échange d'âme à âme, sans pouvoir, sans domination, sans attente. L'observer. Respirer son parfum. Des sensations physiques, des images, des mots, peuvent alors apparaître à l'intérieur de soi. Les molécules odorantes sont captées par les cils olfactifs qui se trouvent dans le nez. Ceux-ci transmettent l'information directement au système limbique, « le cerveau des émotions », shuntant le néocortex, cette partie du cerveau qui raisonne. C'est pourquoi les effluves de la madeleine émeuvent Proust et que les odeurs peuvent, selon chacun, plaire, repousser, envoûter, laisser indifférent ou faire émerger des souvenirs parfois bien enfouis. D'ailleurs, les olfactothérapeutes travaillent, entre autres, avec les personnes atteintes d'amnésie à partir de l'odorat pour les aider à recouvrer des pans de leur mémoire.

Je propose à mes compagnons de prendre deux minutes pour sentir l'hélichryse. Elle écœure ou elle attire, mais elle ne laisse personne indifférent. J'ai de vagues souvenirs de ma formation en olfactothérapie et du message émotionnel de l'huile essentielle. Aux premières inspirations profondes, l'odeur de cette fleur me crée un inconfort. J'ai envie d'aller plus loin. Je décide de la sentir quelques minutes de plus. S'il faut je rattraperai la troupe. Il n'y a qu'un seul chemin jusqu'au refuge. L'écœurement se dissipe progressivement, tout en restant présent. J'inspire profondément. Je laisse toute la plante me remplir de son odeur, de ce qu'elle a à me dire peut-être aujourd'hui. J'expire. J'inspire. Les yeux fermés, je plonge à l'intérieur, un entre-soi, l'âme de l'héli-chryse et la mienne. Subtilement, des mots me traversent : courage, profondeur, faire face, faire sortir ce qui est enfoui. Je sens que cette fleur essaie de soulever les tapis pour y déloger la poussière.

Je laisse ces mots flotter dans un coin de ma mémoire. Je cueille quelques tiges pour les faire sécher. Ces fleurs ont la qualité de ne pas faner et rester odorantes. Vraiment immortels ces soleils !

Le rythme de marche régulier nous fait arriver assez tôt à Capannelle. La température agréable confirme notre avancée vers le sud de l'île. Ce refuge est desservi par une route. Un type décharge son véhicule de valises et gros sacs de voyage. Au loin, arrive un groupe de randonneurs. L'ambiance n'est pas la même que dans les autres refuges. Il y a peu d'échanges entre ces personnes et nous. J'essaie de ne pas être dans le jugement. Ce mode de trekking permet à tout le monde de pratiquer. Qui sait si un jour je n'aurais pas recours à ce service. Quand je les observe, un monde nous sépare tout de même, celui du confort ! Carla me propose de manger avec eux ce soir. J'ai envie de partager ce moment avec mes amis du jour. Humilité Sasha ! Je suis loin d'être une puriste de l'autonomie ! Ils optent tous pour le menu du randonneur. Soupe, polenta, viande. Tradi ! Pas très emballée… jusqu'à ce que mes yeux se posent sur une… pizza ! Et que mes papilles s'activent. Pour ce soir, c'est tout choisi !

Nous avons un peu de temps avant de passer à table. J'en dispose pour enregistrer un message vidéo. Il y a tout dans ce message. Ce que je dis, ce que mon corps dit, ce que je vois de moi en surface, ce que je perçois de moi en profondeur. Le miroir de la vidéo me renvoie la multitude de ressentis qui s'entrechoquent à l'intérieur. Je suis honnête quand je dis : « je me sens plutôt en forme physiquement. » Seule la fin des étapes est douloureuse. Les deux dernières heures peut-être. Le reste du temps, je me sens d'attaque. J'avance bien. Je prends du plaisir. J'entends aussi ma voix éraillée du rhume des deux jours précédents. Je vois le bouton de fièvre apparu cette nuit, les traits tirés. Je sens mes genoux gonflés, tiraillés, assise en tailleur sur le sol. Je sais aussi que je suis sereine, pleinement épanouie d'être ici. En m'écoutant parler, je réalise le pas que je suis en train de faire, le chemin que je trace. Tout cela me bouscule. Pour la première fois depuis mon arrivée en Corse, je ressens un grand besoin de soutien. J'écris à la chamane en posant mes pensées comme elles viennent par SMS, davantage comme une réflexion à moi-même.

Sasha

Je suis en forme physique. Le rhume va mieux mais persiste un peu niveau de la gorge. Gros gros bouton de fièvre. Je dois être fatiguée, vraiment beaucoup.
Je me demande aussi si c'est du nettoyage. Je suis en trek en Corse. Gros défi sportif.
Et aussi boucler la boucle. Prête pour la suite, vraiment cette sensation. Ça me brasse aussi inconsciemment je pense.

Je suis en train de capter l'intensité du processus de nettoyage émotionnel qui a commencé au début du mois d'août, et qui s'est accéléré en passant à Vergio. C'est juste après ce lieu de croisement symbolique que j'ai été malade. Le nez qui coule vient parler de tous ces pleurs que l'on n'exprime pas. Voici l'explication de ce rhume soudain ! Ces prises de conscience sont comme des lumières qui éclairent mon chemin intérieur et m'aident à avancer plus sereinement.

Ce soir, j'ai aussi besoin de parler à Joan. Je me questionne toujours sur la durée du trek, sur la variante à suivre demain et même sur le fait de rester quelques jours de plus en Corse pour profiter de la plage et me reposer. Je suis censée reprendre le travail à peine deux jours après le GR. Dans le même temps, je reçois un SMS de ma sœur qui me questionne sur la location de mon appartement. « Pourquoi tu ne restes pas encore un peu chez les parents ? » Non, non, non, ce n'est pas le sens de la vie, de rester chez mes parents pour économiser. C'est le moment. Quitter le nid, prendre mon envol. Je vais réussir à assumer financièrement. J'ai besoin de soutien, pas de doutes. Trop d'informations d'un coup après des jours passés loin du quotidien, des projets, des engagements. Je marche, je mange, je dors, je marche... Je suis à plus de la moitié du parcours, et tous ces kilomètres impactent mon corps et mon esprit en silence. Je me sens fébrile quant aux décisions à prendre. Je sais que je sais ce qui est bon pour moi, mais j'ai aussi besoin d'un appui extérieur, même s'il n'est qu'une validation. Écouter et faire confiance à ma petite voix intérieure sont des concepts encore en construction. Cet appel de quelques minutes m'aide à me décharger émotionnellement. Le calme et le point de vue extérieur de Joan me permettent de relativiser et de réfléchir sereinement aux choix à faire. Je rejoins les copains, détendue. La soirée est agréable, joyeuse. J'ai décidé de repousser de quelques jours mon retour sur le continent. Je dois contacter tous mes patients pour déplacer leur rendez-vous. Le réseau est plutôt stable, c'est parfait. Tous sont compréhensifs. « Pas de soucis, prenez du temps pour vous reposer. A très bientôt. » Soulagement. Je sais qu'une fois ce GR terminé, je vais avoir besoin de récupérer physiquement et mentalement.

Et la pizza ? Succulente ! À côté des petites tranches de polenta toute pâles et des yeux déçus de mes comparses, elle avait des allures de dîner gastronomique !

Réveil, six heures. Départ, sept heures. L'organisation est millimétrée avec Carla, Rémi, Yves et Serge. Je leur ai parlé de la variante par le Monte Renoso, mais ils ont choisi de rester sur l'itinéraire initial, trop long pour ne pas arriver trop tard à Usciolu. J'ai dit que je les suivrai... Mais le parcours sur cette crête m'attire fortement... Je verrai demain, la nuit porte conseil.

La pluie est passagère. À la surface,
elle n'est qu'un clapotis. À l'intérieur,
elle est tempête. Elle te murmure :

« Tu es ton propre pilier, ton propre support. Le chercher à l'extérieur, les autres ou le matériel repousse la tempête émotionnelle, mais ne l'apaise pas. Va chercher le calme et le silence absolus à l'intérieur de toi. Cet espace t'appartient et ne peut être meurtri. Quand la tempête se lève à l'intérieur comme à l'extérieur, il est temps de rentrer chez toi, d'entrer en toi, d'y retrouver l'espace le plus calme et silencieux. Alors tu trouveras la paix intérieure. »

10

Quand tu veux quelque chose, tout l'univers conspire à te permettre de réaliser ton désir.

Paulo Coelho

Samedi 5 septembre 2020

<table>
<tr><td>

Jour 6 - Étapes 11 et 12

Refuge de Capannelle – Monte Renoso – Prati

20,7 km 1340 D + 1140 D -

129,7 kilomètres

</td></tr>
</table>

Il n'est pas encore sept heures. Les lueurs du jour sont divines, hypnotiques. Un spectacle pour lequel, il faut, une fois dans sa vie, dormir en montagne. Se coucher et se lever avec le soleil sont des instants de magie. Ils offrent la grâce de l'instant présent, de la contemplation. Seconde après seconde, couleur après couleur, rayon après rayon. J'aime dormir en pleine nature pour renouer avec le Temps, avec l'Espace. Quitter le quotidien où tout est trop souvent condensé, enchaîné, minuté vers des objectifs, pour retrouver la simplicité d'être. Vivre, ressentir le Temps qui se déroule. Emplir l'Espace et me laisser remplir par ce qui m'entoure. Mon corps se reconnecte avec facilité aux rythmes de la nature. Mon mental se dilue dans l'immensité des ciels étoilés. Je m'apaise. Ma conscience peut s'exprimer. Mon regard s'éclaircit. Je vois à nouveau la beauté des choses les plus simples. Mes cellules vibrent au-delà de ma personne. Elles sont en harmonie avec l'infiniment grand autant qu'avec l'infiniment petit.

> Un coucher de soleil est une médita-
> tion contemplative où plus rien n'im-
> porte. Il occupe tout l'instant présent.
> On suit du regard la disparition du jour
> et de la seconde écoulée. Il concrétise
> le temps qui passe, l'instant présent
> qui n'est plus le même que la seconde
> d'avant. Il peint le tableau de l'Ici et
> Maintenant. Il conduit au renouvelle-
> ment et donne le rythme aux cycles.
> L'impermanence. Voilà ce que le soleil,
> qui se couche et qui se lève chaque
> jour, rappelle à celui qui l'observe.

Après avoir hésité toute la soirée et ce matin encore sur l'itinéraire à emprunter, variante ou pas, je décide de suivre le groupe. Ils sont au niveau du panneau au début du chemin. Le temps de ranger ma trousse de toilette, je me retourne et les voilà déjà partis. Nous n'avons pas tous appuyé sur le bouton pause, le temps de la contemplation ! Je me lance pour les rattraper, mais juste avant la bifurcation, je croise un homme, soixante-dix ans peut être, un Corse. Je l'aborde :

— Bonjour. Je peux vous poser une question ?

— Oui bien sûr.

— Est-ce que l'itinéraire par le Monte Renoso vaut le coup ?

— Oh oui, c'est très beau là-haut. Tu dors à Prati ce soir ?

— Non, dans l'idéal Usciolu.

— Ouuh. Oui ça fait loin. Tu as ta tente ? Tu es autonome ?

— Oui.

— Alors, ne te pose pas de question. Tu t'arrêteras en chemin si besoin.

Mon cœur est ravi ! SMS à Carla et je commence l'ascension vers Renoso ! Très progressivement, j'arrive au lac de Bastani qui me coupe le souffle. L'eau est immobile, un miroir sans défaut reflétant les reliefs qui l'entourent. Un lac absolument calme. Il y a deux tentes ici et là. Je ressens un tel sentiment de bien-être d'être ici. Après le lac, un court passage d'escalade me fait renouer subrepticement avec l'adrénaline. J'atteins le sommet du Monte Renoso. Lunaire. Habité de moutons et surmonté d'une statue regardant au loin. Il aura fallu la rencontre de cet homme pour me décider et me montrer le chemin de mon cœur, de mon intuition. Me faire confiance. Aller là où c'est le plus juste pour moi, sans manque de compagnie, sans craindre d'être seule.

Sur cet itinéraire, je n'ai rencontré que des femmes seules. Quelques mots sont échangés.

Courage

Élan

Autonomie

Puissance de ces pas féminins, au-delà des craintes, des a priori, des projections sociales.

J'entame la descente, qui n'est balisée que par des cairns, ces petits monticules de pierres indiquant le chemin. Il n'y a aucune trace de peinture comme sur le GR. J'emprunte la crête à gauche. Mais en tournant la tête, j'aperçois au loin un duo. J'ai pourtant bien lu la carte, mais le doute s'installe. Je me dis que deux cerveaux ont sûrement opté pour le bon itinéraire. Je rebrousse chemin et les rejoins.

Erreur ! Je me rends vite compte que les monticules qu'ils prennent pour des cairns sont des éboulis. Ils étaient bien perdus, et nous avons crapahuté de longues minutes, ensemble, dans une direction hasardeuse. Je bous intérieurement, car l'heure tourne et le terrain est vraiment très instable. Je repars à nouveau seule, en quête du chemin que j'avais repéré initialement. Se faire confiance ! C'est la leçon du jour, quand vais-je finir par l'entendre ?

Je suis arrivée dans une bergerie au pied du Renoso. En plein travail de force, un local, Doumé, me propose une variante de la variante ! C'est facile, il me dit ! Il me donne son numéro de téléphone si jamais j'ai besoin qu'il me conduise au col de Verde. Confiance, facile. J'y vais, je m'enfonce dans la forêt, je suis les traces jaunes, puis les cairns… Mais les cairns sont partout, dans tous les sens. Je ne panique pas, j'avance, j'avale la descente, à l'instinct, au pur instinct. Je ne sais pas du tout où je me trouve. Je ne me situe pas. Je suis comme un animal.

Avancer.
Transcender la peur par l'élan, l'intuition.
Avancer comme un animal.
Ici. Là. Non, je ne le sens pas.
Je passe de cours d'eau en cours d'eau, jusqu'à « tomber » sur un couple dans la montée. « Le pont qui rejoint le GR20 est juste là, à quelques mètres. » Cette phrase me délivre. Tous deux sont sortis de nulle part, comme pour soulager mon esprit de la peur de l'errance. Petits anges.

J'ai dépensé beaucoup d'énergie ces deux ou trois dernières heures. Je fais une toute petite pause pour manger. Je suis fatiguée et un peu sonnée. J'ai du mal à comprendre ce qui vient de se passer dans la forêt. Je ne savais pas du tout où j'allais. Est-ce de l'inconscience ? Et si… Je regarde l'heure et la carte. Mon errance sur le Renoso va certainement m'empêcher d'atteindre Usciolu ce soir. Je ne traîne pas. Le chemin jusqu'au col de Verde est roulant. Très agréable. Col de Verde, eau fraîche, espace ombragé, un peu de réseau pour donner des nouvelles. Carla a passé Prati il y a peu de temps. Ils partent vers Usciolu. Je reprends des forces à grand coup de gâteaux au chocolat. La montée jusqu'à Prati est régulière et se parcourt aisément. J'arrive au refuge vers quinze heures. J'ai déjà marché huit heures et le topoguide en annonce encore cinq (je dirais donc trois). J'hésite. M'arrêter ou continuer ? Usciolu ou poser ma tente en chemin ? S'arrêter ici repousse l'arrivée à Conca d'un jour. J'entre en négociation avec moi-même. Mon égo-mental, mon corps et mon cœur débattent.

Huit jours plutôt que sept, et alors ? Est-ce de la faiblesse physique, mentale ? As-tu vraiment envie de continuer ? Qu'est-ce que ça te coûte de rester ici ? Certains reprennent la route, as-tu envie de les suivre ? On te dit qu'il est plus prudent de rester ici, as-tu envie d'écouter ce conseil ou as-tu besoin de prouver que tu peux continuer ? Qu'est-ce que tu veux vraiment ? Sois honnête…

La randonnée me met face à mes inflexibilités, mes rigidités persistantes. Elle me construit intérieurement en me poussant à m'adapter, à revoir les plans, à prendre des décisions, à mettre plus de légèreté dans ce que je fais, à aligner contexte, ressentis et choix. Je prends des infos à droite à gauche, auprès du gardien, de Joan et de son collègue, comme pour me dédouaner de la décision à prendre… Tous me diront que c'est mieux de s'arrêter ici. Pour la première fois, je fais le choix de dévier de mon plan, et d'ajouter une étape à mon périple. Faire ce choix est une évidence et un soulagement. La réflexion d'une demi-heure n'était que le reflet de la lutte de mon égo, de mes croyances. Si je suis honnête avec moi, cette idée de huit jours a germé très tôt, au deuxième jour peut-être. Ma tête rejetait l'idée alors que tout mon être l'avait déjà engrammée. Je m'installe tranquillement, sans aucun regret. Et c'est le premier soir depuis le début de l'aventure que je finis l'étape tôt. Il est à peine seize heures, contre dix-huit heures les jours passés. Prati est situé sur un large plateau surplombant la mer. Les chevaux et le vent lui donnent vie et animent l'installation des tentes. La douche aussi reste en mémoire. Glacée. Je suis contente de la prendre sous un rayon de soleil.

Je prends le temps de faire une vidéo à ma famille. J'ai envoyé quelques nouvelles brèves cette semaine, mais j'ai envie de partager un peu plus avec mes proches. Le réseau est aussi plus stable. Carla est arrivée à Usciolu. Horrible, m'a-t-elle écrit. Elle est exténuée. C'était vraiment difficile. Ils sont arrivés quasiment de nuit. Demain, ils vont à Asinau. Yves et Serge iront peut-être jusqu'à Bavella. Elle espère que je pourrai les rejoindre. J'ai toujours beaucoup de mal à méditer, à contempler, à rester dans le silence. La vacuité m'est inconfortable. Mon esprit est agité, saturé d'infos. Je n'ai pas envie d'écrire. J'ai envie de parler. J'ai envie de partager cette extraordinaire aventure que je vis. Ma fierté et mon bonheur de vivre cela. Je suis dans l'instant présent parce que je suis pleinement investie dans les rencontres et les échanges. Mais je ne suis pas non plus complètement là quand tout se calme, que la nuit arrive. Je suis déjà à demain, dans ma planification, mon rythme de marche, ma logistique de repas. J'écris à Benoît et Amaury pour leur conseiller la variante du Renoso. Le lac, le sommet, la crête à parcourir ont mis des étoiles dans mes yeux, ils ne peuvent pas louper ça ! Je crois qu'ils s'y arrêteront pour dormir. Je vois arriver Rémi et Hélène, le duo du Monte Renoso justement. Marc, un autre randonneur, croisé les premiers jours, se joint à nous. La soirée est agréable. Nous planifions ensemble l'après GR20, partager une location, des virées à la plage, un bon barbecue. Programme alléchant ! Autour d'un verre de vin, d'un bon fromage de brebis et d'une baguette de pain rassie, j'apprends autant à prendre le temps qu'à m'autoriser sans culpabilité le plaisir d'une soirée. Je suis à l'aise avec trois personnes que je connais depuis deux heures à peine. Paolo Cognetti écrit : « Si l'endroit où tu te baignes correspond au présent, dans ce cas l'eau qui t'a dépassé va là où il n'y a plus rien pour toi, c'est le passé. L'avenir c'est l'eau qui vient d'en haut, avec son lot de dangers et de découvertes. Le passé est en aval, l'avenir est en amont. » Je suis dans le torrent, me laissant traverser et nourrir par ces eaux qui viennent du haut de la montagne, dans l'inconnu complet, mais sereine de ce qu'il pourra apporter.

Sculpture de la Tête de Maure au sommet du Monte Renoso.

11

Je me suis cru perdu, j'ai cru toucher le fond du désespoir et une fois le renoncement accepté, j'ai connu la paix. Il semble à ces heures-là que l'on se découvre soi-même et que l'on devienne son propre ami.

Antoine de Saint Exupéry

Dimanche 6 septembre 2020

Jour 7 - Étapes 13 et 14

Refuge de Prati – Mont Incudine – Refuge d'Asinau

27,2 km 1410 D + 1680 D -

156,7 kilomètres

Je m'approche de la fin de l'aventure. J'apprécie pleinement ma décision de la veille. Ne pas être dans la souffrance, profiter un jour de plus de cette bulle dans laquelle j'évolue depuis six jours. Je me lève avec le soleil, éclairant le plateau de Prati et les arêtes d'un intense et lumineux orange. Il est difficile de décrire l'émotion ressentie face à cet horizon, à l'astre sortant, seconde après seconde, du calme lointain de la mer. La magie des secondes qui s'égrènent, de la chaleur dans le cœur, de la lumière qui rétracte doucement les pupilles, de l'excitation enfantine d'assister au lever du jour, de faire d'un moment quotidien un instant unique. Parce que chaque jour est différent, chaque lever de soleil est différent de celui de la veille et de celui du lendemain. Je suis dans une gratitude totale. Sur ce GR, j'ai la capacité de changer d'état d'esprit en quelques secondes. J'ai déjà remis le mode « il faut avancer ». Alors j'avance. Je m'attendais à des dalles rocheuses plus vertigineuses et techniques ainsi que Carla me l'avait dit. Le repos de la nuit influence certainement ma perception de la difficulté. Hier, après huit heures de marche, l'impression aurait pu être tout autre ! Tout vient confirmer le choix. J'arrive sportivement en deux heures et demie à Usciolu. Carla et les autres doivent être partis d'ici depuis deux ou trois heures. Je fais quelques achats de nourriture et je repars en direction du Monte Incudine.

Je marche seule aujourd'hui et ne croise quasiment personne. Je conscientise beaucoup de choses. La charge physique n'est pas du tout négligeable, car nous traversons toute une île et certains passages sont techniques, engagés ou instables. Mais la charge est avant tout mentale. Être vigilante à tout instant, faire attention. Les pieds, les mains, la météo, le sac, l'heure, l'eau... Il n'y a pas de répit sauf celui que l'on s'accorde vingt minutes en piquant une tête, comme on ferait une micro sieste avant de reprendre un travail intellectuel intense. J'ai croisé un randonneur qui voulait faire vivre à un ami le plaisir de la randonnée. Il lui avait vendu de la déconnexion. Ils se sont séparés au bout de deux jours et se retrouveront pour la partie plage de leurs vacances ! Oui, la rando en Corse offre une forme de déconnexion du quotidien, du travail, des soucis, car nous n'avons justement pas le temps de penser ! Ce ne sont pas les chemins larges ou roulants de l'Auvergne ou du Jura. Laisser vagabonder son esprit n'est pas dans le vocabulaire du GR20.

Je viens d'enchaîner six heures de marche. Je fais une sieste de quelques minutes au bord d'un cours d'eau avant d'entamer une longue ascension vers le Monte Incudine. Je souffre. Je ne me sens pas aussi à l'aise que les jours précédents et la défaillance n'est pas seulement physique. Je me fais largement distancer par deux randonneurs croisés le matin. J'avance, mais impossible de les suivre. Jusque-là, j'assumais avec fierté le poids de mon sac sur le dos, comme s'il ajoutait de la valeur à ma performance. Là tout de suite, je trouve cela ridicule ! J'expérimente dans la matière, l'impact du poids que l'on porte, toutes ces charges physiques et émotionnelles que l'on endosse, que l'on ne lâche pas, que l'on traîne avec soi chaque jour. Je vis dans mon corps, dans mes genoux, la douleur du poids matériel que j'ai choisi de porter. Je prends alors conscience dans mon cœur, du poids des regrets, de la culpabilité, de la rupture, des deuils non faits, des grands projets de vie, des peurs, des trahisons, que je porte depuis tant de mois. Il me fallait vivre la douleur physique pour comprendre que les poids restés sur le cœur, bien qu'invisibles, sont tout aussi lourds à porter.

Je repense à l'hélichryse quelques jours plus tôt. Les mots sont devenus des phrases comme un message de la plante à moi-même :

« Quand tu seras vraiment prête, je t'aiderai à te recentrer pour puiser en toi la volonté d'aller au cœur de ton être, de voir et de comprendre les obstacles. Sois courageuse et responsable afin d'en finir avec les blessures du passé et continuer ton chemin de vie en joie. Je t'accompagne au bout de ce processus, vers la liberté d'être. »

L'alchimie avec cette âme végétale semble déjà agir. J'irai peut-être la rencontrer à nouveau, une fois rentrée chez moi.

Hélichryse italienne ou Immortelle de Corse.

Arrivée à la croix du Monte Incudine, je prends un peu de temps pour contempler. Je me retourne et regarde cette interminable ascension. Puis, je lève la tête et j'ouvre mon regard. Au loin, un enchaînement de crêtes, de sommets, de vallées que l'on ne distingue plus. Je les ai traversés. Pas après pas, jusqu'ici ! Maintenant que mon esprit a intégré le chemin parcouru, il se reconnecte aux kilomètres suivants me menant à Asinau. Je repose mon regard dans le sens de la marche... Vers le bas... Sept cents mètres de dénivelé plus bas. Sept cents mètres de dénivelé négatif à encaisser. Je n'en peux plus. Vraiment marre.

Le premier tiers de la descente est à l'image de mon état d'esprit : insupportable. Je glisse, je peste, j'ai mal. Mon pied. Mon poignet. Sûrement une compensation de ma chute le premier jour. Je descends à deux à l'heure et je ne supporte pas de me voir dans cet état. Comme pour me pousser dans mes retranchements, un groupe de filles dépassé au petit matin me rejoint. Orgueil mal placé, esprit de compétition stérile, je me crispe encore plus. J'ai mal et je ne peux rien faire si ce n'est descendre. Je suis lourde. J'ai mal. Je me parle. Je me fais de l'autosuggestion. Je peste.

Pourquoi cette compétition ? Mais prends les choses comme elles viennent ! Agace-toi, OK. Mais à quoi ça te sert ? Oui, elles te rattrapent. Tu n'es pas aussi forte que tu le pensais. Concentre-toi sur tes pieds plutôt. Elle va te doubler, c'est sûr, oui. Elle descend vraiment bien. Légère. Et moi, là, je me traîne. Ce poids... mon poids. Ces kilos en trop en plus du sac.

Une des filles se détache du groupe et me dépasse avec douceur et facilité.

— Bonjour
— Bonjour

Bon, au moins, c'est fait. Cause à effet peut-être... Je retrouve un peu plus de fluidité. Mon mental a repris le dessus sur la douleur. J'arrive enfin. Il est dix-huit heures. Carla et Rémi sont déjà installés. En passant entre les tentes, je croise des sourires et des visages aperçus il y a cinq jours à Carrozzu. Je vois les traits tirés, les chevilles strappées. Ils voient mes genoux qui ont doublé de volume. Nous voyons en miroir la fierté de se retrouver ici, aux portes de l'ultime étape. Il reste une dernière journée de marche. Il est temps de profiter de ce dernier soir avec Carla et trois garçons, installés sur l'aire d'hélicoptère d'Asinau. Nous partageons cette soirée, la première pour les randonneurs venant de Bavella, la dernière pour nous. Les réchauds font bouillir l'eau des plats lyophilisés et des infusions. Profiter de l'instant présent n'a jamais pris autant de sens. Ne pas penser à l'arrivée à

Conca, demain, à la fin de cette aventure. Partager ce repas avec plaisir face aux Aiguilles de Bavella, au soleil qui décline.

Le vent se lève et menace de rendre cette nuit épique. Il souffle de plus en plus fort. Ma tente s'agite dans tous les sens. Je crains qu'elle ne se décroche. Je me lève à plusieurs reprises pour vérifier que les sardines sont toujours à leur place. Je n'arrive pas à me rendormir. Je suis sur le qui-vive. Le vent souffle si fort que les parois de la tente s'écrasent sur mon visage. J'ai hâte que la nuit se termine et que je puisse ranger cette tente.

En une fraction de seconde, je sens et j'entends le toit de ma tente s'envoler. Il ne me faut pas plus de cinq secondes pour en sortir. Je regarde, paniquée, à gauche, à droite. La toile s'est accrochée à des buissons piquants à quelques mètres. Ils auront fini par servir à autre chose qu'à rayer mes jambes ! Je prends le toit de la tente avec moi et me recouche. Je dors peu. En plus du vent, il y a une excitation, une impatience à finir désormais. Je pense à mes genoux. Je sais qu'ils tiendront le coup.

> Lave ton cœur de la douleur et de tes
> peurs. Le passé appartient au passé.
> Il est en toi parce qu'il a fait de toi
> ce que tu es aujourd'hui, au présent.
> Mais il n'est plus et s'y accrocher est
> illusoire.
> Regarde les nuages au-dessus de toi.
> Ils passent et derrière, il y a le ciel
> bleu. Il attend son tour pour te par-
> ler. À qui choisis-tu d'accorder ton
> écoute ? Le ciel ou les nuages.

12

Tout ce que vous avez à faire, c'est décider de partir. Et le plus dur est fait.

Tony Wheeler

Lundi 7 septembre 2020

Jour 8 - Étapes 15 et 16

Refuge d'Asinau – Aiguilles de Bavella – Paliri – Conca

25,3 km 810 D + 2100 D -

182 kilomètres

La douceur du lever de soleil efface ma nuit mouvementée. La montée aux Aiguilles de Bavella est raide. La vue fantastique. Comme si nous n'en avions pas eu assez. Ce dernier jour nous offre un rab de panoramas grandioses, histoire de remplir encore les yeux et le cœur d'étoiles. Les Aiguilles de Bavella s'assurent que plus aucun espace ne soit vide d'étincelles.

Dans ma tête, j'ai le sentiment d'avoir bientôt fini… mais c'est penser trop vite. Il reste de nombreux kilomètres, des descentes, des montées, des descentes, des descentes encore. Nous sommes trois aujourd'hui, Carla, Rémi et moi, heureux et impatients. Les paysages entre Matalza, I Paliri et Conca sont beaux. Mais nous ne leur accordons pas autant d'attention que les jours précédents. L'arrivée prend désormais toute la place dans nos têtes. Je m'étais imaginé une arrivée paisible, tranquille, sur une descente herbeuse. Où suis-je allée chercher cette image ?! La réalité est tout autre, et c'est interminable. Il nous faut encore monter puis traverser un plateau sans air, en plein soleil. Des forêts puis une baignade express, et encore une heure et demie de marche, assez raide et glissante pour mes appuis qui sont de moins en moins souples et assurés. Nous faisons huit jours de rétrospective sur cette dernière étape. Nous nous remémorons les souvenirs, les paysages avant même d'avoir terminé ce jour. Nous marchons longtemps dans une même direction, vers un objectif commun. Les masques tombent plus facilement, la pudeur glisse aussi, entre filles, c'est plus facile. Chacune se confie davantage sur elle, sur ce qu'elle est venue chercher ici. Partie seule de Capannelle pour la variante, avant-hier, Carla me demande comment j'en suis arrivée à marcher, ici en Corse, et seule surtout. Elle a bien cru s'arrêter après la première journée dans le passage rocheux avant Carrozzu.

Je lui parle de mes pièces de puzzle, de la première journée en Corse et de ce premier passage de grimpe justement. Je l'ai fait sans difficulté parce qu'il y a eu avant cela, toutes les autres expériences, tous les petits pas, dont un très important réalisé en août 2019, dans le Vercors. J'ai commencé par faire de l'itinérance avec mes amies, puis des randonnées à la journée seule. Un stage d'orientation en 2016 nous avait permis, avec Julie, de nous sentir vraiment plus à l'aise en montagne. Le Vercors, c'était le premier été après ma rupture. À peine rentrée des Alpes du Sud avec ma petite sœur, je fourmillais d'envie de repartir. Aucune amie n'avait pu m'accompagner et puis au fond de moi, je sentais que je devais faire ce trek seule. C'était aussi l'été de ma reconversion professionnelle. Je ne me sentais pas de prendre de longues vacances comme lorsque j'étais professeur d'EPS. Je découvrais alors une nouvelle façon de me mettre en projet : la micro-aventure. C'est l'activité non loin de chez soi, qui dépayse, qui reconnecte à la nature, qui permet de redécouvrir son environnement proche, limiter son impact écologique. Elle permet de sortir du quotidien plus souvent, de casser la routine, sans trouver l'excuse d'un « c'est loin, trop de route, pas assez de temps ». Trois jours pour crapahuter dans la montagne était un compromis tout à fait acceptable ! Pour cette première expérience en solo, j'avais préparé l'itinéraire avec Joan. Je savais qu'il serait présent à n'importe quel moment si le réseau le permettait !

Je replonge sans difficulté dans mes souvenirs d'août 2019. Les premiers kilomètres s'étaient déroulés tranquillement, mais je sentais un fond de vigilance… Je me souviens du canyon, ni beau ni rassurant, par lequel j'avais atteint le plateau de Darbounouze. L'arrivée sur les hauts plateaux avait été une libération. J'avais prévu de bivouaquer à la cabane de la Jasse… Mais le lieu était déjà bien investi par deux couples. Je n'avais aucun élan pour aller vers eux. Une sauvage solitaire dans toute sa splendeur ! Et puis il était encore tôt. Seize heures.

Continuer d'avancer ? Oui, mais pour aller où ? Comme à Prati, je m'étais mise à fixer la carte IGN pendant de longues minutes sans vraiment la regarder ! Je ne savais pas quoi faire. Envie de continuer, mais peur de l'inconnu, c'était assez clair. Joan m'avait bien aidée à me sortir du brouillard.

Joan

Fais le coucher de soleil au grand Veymont et bivouac là-haut si le temps est OK.

Sasha

J'ai 3 km jusqu'en bas du Pas de la Ville, puis la montée.

Joan

Soit tu tiens la chandelle en espérant te faire de la place avec tes chaussettes, soit tu te fais un coucher de soleil au Grand Veymont. Moi, j'hésiterais pas…

Sasha

Joan, tu peux regarder quelle est la distance entre la cabane de la Jasse et le Pas de la Ville, puis du Pas de la Ville à la cabane de l'Aiguillette ?
Un couple a dormi à la cabane du pré Peyret, ils ont eu super froid, et vent ++ Si je vais au GV, faut que je bouge maintenant !!

Joan

Apparemment il y a une cabane
à la Chaux, Jasse de la Chaux —
Je regarde je regarde je regarde !!!

Sasha

OK OK OK merci merci merci.

Joan

Jasse du Play — Jasse de la
Chaux, 3,3 km/Jasse de la Chaux
— Pas de la Ville, 2,4 km/Pas
de la Ville — Grand Veymont,
1,7 km. D+ 723 m pour la tota-
lité. Je dirais 2 h en marchant
bien. Rajoute 2 km si tu veux
dormir à la cabane des Aiguil-
lettes, pas des Chatons.

Sasha

9,4 km, 723… 2 h, j'arrive après le
coucher non ! Je vais avancer au moins
à la Chaux.

Joan

Crois en toi. Fais un point à la Jasse de la Chaux, voilà. Plante ta tente et si besoin, petite salle ouverte en dessous pour abri si trop froid.

Sasha

Merci beaucoup, tu es un amour.

Joan

Tiens-moi au courant.

Sasha

Je décolle.

Il était seize heures cinquante-six !

Je suis émue et heureuse lorsque je repense à cette première micro-aventure seule. Je ressens à la fois les émotions vécues là-bas, les doutes, l'adrénaline, l'engagement et l'émotion qui me traverse aujourd'hui, quand je prends conscience de tout ce que cette expérience a déclenché dans ma vie et qui s'exprime totalement ici, en Corse. C'était il y a seulement un an. Mon aventure sur le GR20 aura-t-elle autant d'impact que celle dans le Vercors ? J'ai hâte de le savoir !

Comme en haut d'une montagne ou au milieu d'un sentier, je jette un œil en arrière et je constate avec plaisir tout le chemin parcouru, les compétences et la confiance acquises, les clés de l'autonomie. Je remplis mon besoin de reconnaissance en observant tous les pas réalisés plutôt que de toujours regarder ce qu'il manque ou ce qu'il reste à faire !

Dans le Vercors, Joan m'avait réellement aidée à me faire confiance, à m'extraire de mes émotions et à lever une partie de l'inconnu par des données objectives et par sa stimulation. Il m'était resté ma part à effectuer. Résister ou avancer, j'avais le choix ! Quel que soit le soutien d'un ami, d'un thérapeute, de la famille, toute transformation ne vient que de soi. Je m'étais donc décidée à avancer, non sans peur !

Saurai-je m'adapter et dormir en chemin, dans les bois, comme ça n'importe où ? Est-ce que je m'arrête dans la forêt, est-ce que je monte ? Et si, et si, et si...

Plus je ruminais mes questions, moins j'étais attentive. Je me souviens avoir trébuché à deux reprises en me tordant la cheville, sur un sol plat, sans difficulté, ce qui n'était pas habituel pour moi.

Tu ne sais pas sur quel pied danser. Fais un choix. Prends une décision, soit tu montes au Grand Veymont, soit tu montes ta tente ici, mais arrête de tergiverser.

Depuis dix ans, j'évolue autour du corps, de sa mise en mouvement dans le sport, par l'expression artistique puis en thérapie. C'est à travers lui que nous vivons le monde et ressentons des émotions agréables ou désagréables. Il nous informe avec précision sur nos choix, notre état d'être intérieur, nos besoins, nos limites, un besoin d'agir, de prendre une décision, d'effectuer un changement. Ne disons-nous pas « je ne me sens pas à l'aise », en entrant dans une pièce ou lorsqu'on se trouve devant une personne que « l'on ne sent pas » ? Le corps met en avant nos besoins permettant de répondre à une émotion : sortir de cette pièce, s'éloigner de quelqu'un, s'engager dans l'achat d'une maison... Il donne justement du corps à l'intuition.

Après ces deux torsions de cheville, j'avais décidé une bonne fois pour toutes d'aller au Grand Veymont. Appuyer sur les bâtons, mettre du rythme, avancer. J'avais senti mon cœur battre plus fort, les yeux rivés sur le sol avant de me retrouver nez à nez avec un chamois, immobile, bien à sa place et me lançant un regard qui disait : « *Humm, détends-toi ma belle, lève ta tête. Il y a un virage.* » Le chemin était devenu de plus en plus étroit et à flanc de falaise une fois le Pas de la Ville passé. Dernier passage technique.

Un pas après l'autre, respire, tu es capable.

J'y étais, il y a un an tout pile. Je raconte cette aventure à Carla et je ressens toujours la même intensité que celle vécue ce jour-là. Respiration haletante, sourire de satisfaction, étoiles dans les yeux et papillons se bousculant dans mon corps tout entier. Inoubliable. J'étais là-haut, au sommet du Grand Veymont. Les mots d'un roman de Clémentine Beauvais illustrent bien ce que j'ai ressenti et qui reste depuis. « J'ai le cœur comme les papillons de nuit qui se cognent aux lampes de jardin (les cons). » Se souvenir d'un moment heureux libère autant de sérotonine que lorsque nous vivons le moment. À cet instant précis, je suis remplie de cette hormone du bien-être et de l'estime de soi. Je me revois installer ma tente avec cette immense fierté. Dans le dernier espace rudimentaire, « abrité » du vent grâce à un empilement de pierres, je reproduisais les mêmes gestes réalisés quelques semaines plus tôt avec ma sœur. Mais là, tout était différent. Assise au milieu du Vercors, à côté du Mont Aiguille, les Alpes chaleureusement éclairées par le soleil déclinant, je vibrais.

J'étais fière. Mais tellement fière ! Je le suis encore aujourd'hui. Fière d'avoir osé, de m'être lancée, adaptée, d'avoir fait un choix, affronté mes peurs, mes limites, d'avoir trouvé des solutions intérieures, demandé du soutien. J'étais fière d'avoir fait un pas de plus. Je sentais qu'il n'y aurait pas de retour en arrière possible. Il y a eu un avant et un après Vercors. Il y aura un avant et un après GR20, j'en suis sûre. Le sentiment de fierté s'était ancré instantanément à l'intérieur de moi. Mon cœur battait un autre rythme, un nouveau rythme. Un gros verrou venait de sauter et tout promettait d'être différent à partir de ce jour-là. Et en effet, de nombreuses barrières intérieures se sont levées à mon retour du Vercors. Ma façon de penser avait changé. Mon dialogue intérieur n'avait plus la même tonalité. Le canal de communication s'était libéré d'interférences, de peurs, de croyances limitantes.

J'ai envie, mais est-ce que c'est pour moi ?... J'aimerais, mais je ne sais pas si je suis capable ?... Et si je me trompe ?

Et pourquoi n'oserais-tu pas ?... Est-ce que ça te fait vibrer, là, ici, à l'intérieur ?... Ton envie dépasse-t-elle ta peur ?... Comment est ton corps quand tu penses à ce projet ?

Quelques jours après ce mini-trek fabuleux, Joan m'avait envoyé une annonce de candidature pour prêter ma voix à un podcast d'aventure. Une multitude d'essais d'enregistrements de vocaux, et une longue hésitation. J'avais fait fi de l'annotation « expérience attendue », en appuyant sur le bouton « envoi » de ma messagerie ! Cet acte peut sembler anodin, mais c'est à ce moment-là que j'ai compris que cette micro-aventure avait fait voler en éclat le « j'ai envie, mais… ». J'avais réussi à dépasser les : ce n'est pas pour moi, je n'ai pas les qualifications professionnelles, ça n'en vaut pas la peine, je vais être ridicule… Une réflexion m'animait sans retenue : « Tu as envie de le faire ? Eh bien, vas-y. Tu t'en fous des étiquettes. Fais-toi plaisir, c'est tout. Tu as réussi à t'engager seule à la montagne, tu es bien capable de dépasser cette peur-ci ! »

Ces aventures en montagne viennent étoffer mon répertoire de ressentis, d'émotions, de connexions, de vibrations, de moments où je me sens pleinement épanouie et heureuse. Mon cœur et mon corps se connectent. Ma fameuse boussole intérieure. Dans ma vie de tous les jours, j'arrive à prendre de meilleures décisions, plus justes pour moi, car mon corps ne ment jamais. Dans une situation, une rencontre, un choix à faire, je peux sentir s'il se rétracte, se détend, si mes tripes se nouent ou si elles crient un grand oui ! Il y a eu un tas d'aventures et d'expériences de vie, personnelles et professionnelles entre le Vercors et l'île de Beauté. J'ai osé des choix, des investissements, avec une forme de confiance. « Allez, lance-toi, tu sauras trouver les moyens de tes ambitions. » Je vis des émotions intenses dans les deux sens du curseur. J'oscille entre coups d'œil vers l'arrière et les moments présents vécus avec plaisir. Le vertige de cette nouvelle vie n'est jamais loin. Mais il est plus familier, moins hostile. M'y suis-je habituée ?

Un an plus tard, je suis ici en Corse, me laissant porter par des rencontres, mes envies, mes rêves, la vie ! Ce projet est né en continuité de cet élan du Vercors, ce point de bascule d'un nouveau mode de vie et de pensée. Le Vercors a imposé l'idée de dépasser les étiquettes et les croyances limitantes, faisant sauter un verrou intérieur. Et le GR20 est en train d'ouvrir les portes ! Là où la première itinérance a été un tête-à-tête avec moi-même, la Corse m'a replongée dans l'interaction sociale. La solitude est importante. Mais le partage d'expériences, les échanges sont indispensables dans l'Aventure Vie. Ils confrontent à d'autres fonctionnements, d'autres visions, d'autres histoires, d'autres expériences. Les rencontres humaines et celle avec le vivant aident à mettre en acte ce que la solitude fait émerger.

En racontant tout mon cheminement à Carla, je commence à pouvoir mettre des mots sur l'impact thérapeutique, introspectif et émancipatoire de la randonnée et encore davantage de l'itinérance. Une approche spirituelle de la marche, dans un projet purement sportif, se dessine !

Carla, elle, s'est lancé ce défi pour dépasser la maladie qui met son corps en souffrance. Ultra sportive, elle ne veut pas être déterminée par ses douleurs. Elle les apprivoise, cohabite. Elle les nie parfois pour continuer d'avancer. Elle a une volonté exceptionnelle. Ce trek lui a fait découvrir la montagne comme elle ne l'avait jamais vue. Chaque pas sur ce GR a ouvert en elle une multitude de projets, d'envies, de possibles, et une nouvelle amitié.

Nous arrivons à Conca après une baignade improvisée. Ni haie d'honneur ni applaudissements des parents attendant leurs enfants devant le portail de l'école maternelle du village. Ils en voient passer tant, des bonhommes, les jambes griffées, les genoux gonflés, le bronzage agricole, les cernes, les mêmes vêtements depuis des jours. Nous sourions, les regards lumineux de fierté et d'accomplissements personnels. Je pose mon sac toujours prêt à exploser comme un pop-corn. Je pose le poids des mois passés, des peurs, des doutes autant que ceux de ma tente, de mon duvet… Assise sur le trottoir, je reçois un message ému de ma petite sœur. C'est pour cela aussi que j'aime l'aventure. L'émotion partagée, la fierté qui rayonne ou inspire des projets. Mes larmes s'étaient mises à couler en m'imaginant sous cette plaque. J'y suis et je ne pleure pas. Je suis heureuse. Je suis là, et c'est comme si tout était normal. Je suis autre. Je suis complètement moi. Je me sens solide intérieurement. Ce GR20 vient de placer un nouveau cairn sur le chemin de ma Grande Randonnée personnelle.

J'avais dit : « Prête pour la suite. » C'est par où ? :)

Les miracles sont de la même nature que les éclairs. Ils ne viennent pas seuls mais par attraction vers un point qui palpite, qui appelle. Ils soutiennent continuellement la vie et quand elle cesse, c'est parce qu'elle a cessé d'envoyer une charge pilote pour servir de guide au miracle. On meurt quand on ne demande plus. Le verbe c'est la vie, c'est demander, avoir une question, lancer un point d'interrogation vers le haut, assombri ou dégagé.

Erri de Luca

Je vais vous conter une histoire. La plume, la pierre et le camion.

Il existe plusieurs moyens de communication entre vous et moi. Je parle des signes que vous pouvez observer. Attention, je vous préviens tout de suite, votre mental va essayer de rationaliser tout cela : « Ah ben dans ce cas, on peut voir des signes partout », « c'est juste le hasard ». Mais plus vous vous ouvrirez à ces signes, plus vos prises de décisions seront faciles. Qu'est-ce qu'un signe ? Une rencontre fortuite, la répétition d'une information, d'un contact, un mot sur lequel votre attention se porte spontanément, un animal que vous croisez à plusieurs reprises, un désagrément de votre voiture, un évènement qui se répète, une synchronicité…

Est-ce qu'il vous est déjà arrivé de penser prendre rendez-vous chez un thérapeute, et puis deux personnes vous donnent un même contact, et peu après, vous tombez sur son nom, sans le chercher ? Vous a-t-on déjà parlé ou offert un livre qui tombe à point nommé dans votre vie ?

Est-ce qu'il vous est déjà arrivé d'hésiter entre deux propositions, deux destinations, un changement… et entendre à plusieurs reprises à la radio, dans la rue, en lisant ou dans une discussion, une même information revenir ?

Ces signes-là sont toujours présents sur votre chemin, en même temps que la plume, la pierre ou le camion. Je ne vous laisse jamais seul devant une difficulté ou un défi à surmonter. Je suis responsable des signes de la Vie et vous êtes responsables de votre Vie, et de votre corps.

Votre corps est votre véhicule. Il vous permet d'interagir et d'évoluer dans le monde terrestre. Il vous informe sur vos conflits intérieurs, le désalignement entre vos besoins et la réalité. Il est la voie/x d'expression principale des émotions intenses, répétées ou impactantes. Et il le fait à des niveaux « sonores » plus ou moins importants selon l'étendue du déséquilibre. Établir un lien de communication entre vous et votre corps est donc primordial, car il vous connecte en permanence aux besoins de votre Âme.

Trois niveaux d'alerte peuvent se succéder et s'amplifier si vous ne prenez pas en compte ce que votre corps tente de vous dire : la plume, la pierre et le camion.

La plume, le premier signal, informe avec bienveillance que quelque chose n'est pas complètement aligné ou que vous avez pu être perturbé plus que vous ne le pensiez par un évènement ou une situation. (Votre mental pourrait vous dire : « il y a pire, il ne faut pas se plaindre, ça finira bien par passer ».) Petite gêne physique, irritabilité passagère, fatigue momentanée. Ce sont comme les petits bruits de moteur, les premiers crissements des freins de vos véhicules.

La pierre apparaît lorsque la plume n'a pas été entendue. Sa manifestation est plus désagréable. Une douleur physique s'installe. Elle devient plus limitante. Je pourrais comparer la pierre au voyant orange de l'auto.

Ignorez-vous ce voyant lorsqu'il s'allume sur vos tableaux de bord ? Aimez-vous marcher avec un caillou dans votre chaussure ? Le plus souvent, vous vous arrêtez, vous prenez le temps d'enlever votre soulier et d'ôter le caillou. Pour les symptômes physiques, même idée. S'arrêter et observer. Qu'il y a-t-il à comprendre ? Dans quel domaine de votre vie, y a-t-il un grain de sable dans le rouage ?

Parfois, ni la plume ni la pierre ne sont prises en compte. Avancer coûte que coûte, résister, se couper du corps pour tenir… Sans voir ce camion qui s'approche et vous percute. Pas de demi-mesure, il représente le gros choc. Il a un impact fort sur la vie et impose un arrêt. Un accident, une maladie, une blessure invalidante, un burn-out, une dépression, il ne laisse plus le choix sur la nécessité de se poser. Il donne le temps à l'observation de soi, de sa vie, à la précision des besoins profonds, et des changements à opérer.

J'entends les plus sceptiques d'entre vous ! Je vous avais bien dit que votre mental allait vous rabâcher que ce ne sont que des hasards !

Et si vous vous autorisiez à regarder le monde avec la possibilité que vous et moi puissions communiquer. Amusez-vous de ces signes ! Rien n'est meilleur que l'amusement, la joie. Laissez ce sourire naître lorsqu'un livre, une publication, une chanson, une rencontre, une intuition, un rêve, et bien d'autres choses encore, viennent à vous, au bon moment. Et vous pouvez l'appeler « Hasard » si vous le voulez. Je ne me vexerai pas.

À bientôt donc ;)

L'Univers

13

Le sommet d'une montagne est le bas de
la suivante. Alors continue de monter.

André De Shields

Septembre 2020

Je suis revenue depuis quelques semaines en Auvergne.
J'ai repris mon activité professionnelle, le quotidien. Je prépare mon déménagement, l'envol du nid ! Et chaque jour,
je repense à la Corse. La remarque d'Amaury me revient en
mémoire : « En fait, ne pas prendre le temps, c'est un peu
comme ne pas respecter le GR20. »

Investir une Grande Randonnée, c'est avant tout s'immer-
ger et respecter la nature qui émerveille, régénère, impres-
sionne. Elle remet l'humain à sa juste place. Chaque itinéraire, chaque montagne a son âme et le trek est un moyen
de s'en imprégner. Le GR20 est mythique pour sa difficulté,
ses paysages, ses refuges, son ambiance, son histoire, les
records auxquels se confrontent les meilleurs traileurs. Que
ce soit en trente et une heures, cinq, huit ou seize jours, il
permet à chacun d'être porté par une énergie commune et de
vivre de grandes émotions singulières.

Il y a trente mille marcheurs chaque année.

Il y a trente mille expériences uniques.

Il y a trente mille déclinaisons du GR20 qui participent à
façonner l'histoire de cet itinéraire.

Si j'ai d'abord pensé mon GR20 comme un défi sportif, il a été bien plus ! Les cailloux, les chemins étroits, les variantes, la solitude, le partage, la tente, les doutes, la traversée du nord au sud, le poids du sac ont chacun eu un sens venant éclairer des parts de ma vie.

J'ai avancé sur des terrains escarpés et vertigineux, en confiance. Les rochers ont parfois été bien hauts et j'ai dû faire preuve de souplesse pour toucher de la pointe du pied la dalle de granit suivante. J'ai accéléré quand je le pouvais, en restant vigilante. J'ai osé suivre mon instinct ou les signes pour sortir de la trace quand je sentais que c'était le bon endroit pour moi. J'ai su me laisser porter par d'autres, accepter leur aide ou leur regard soutenant. J'ai chuté et me suis relevée. J'ai posé mes yeux tout près de mes pieds quand le brouillard se levait. J'ai regardé au loin pour me souvenir du sommet à atteindre. J'ai jeté aussi un œil ou contemplé longuement tout le chemin parcouru. Je me suis nourrie de ce qui avait été traversé pour avoir le courage d'encaisser ce qui restait à parcourir. J'ai accepté de ne pas être surhumaine, mais j'ai reconnu mes ressources. J'ai fait le constat de mes lacunes, mes croyances, mes travers, mes excès. J'ai été impatiente quand la fin tardait à venir. J'ai été agacée quand mon corps n'était plus performant. J'ai porté le poids de mon sac, comprenant que j'étais assez forte pour l'assumer, mais que je le serais encore plus quand j'accepterais de l'alléger. J'ai appris à ralentir. J'ai ouvert des portes, ici et là, vers l'extérieur, à l'intérieur aussi.

La randonnée est une philosophie et la montagne, une coach intuitive. Leurs leçons s'appliquent à la vie, tout simplement. Parce que se lancer et oser faire un pas de plus en rando, ça ne parle finalement pas que de rando.

Ce sont tous ces choix que l'on fait ou pas.

Ces projets que l'on rêve ou que l'on rend vivants.

Ces carrefours devant lesquels on pourrait rester bloqué par peur de se tromper.

Ce vide devant lequel on pourrait reculer par peur de tomber.

Toutes ces difficultés, les côtes ou les descentes soudainement raides et imprévues de la vie, face auxquelles on pourrait baisser les bras.

Pendant longtemps, j'ai mis une hiérarchie et une valeur entre l'aventure d'une demi-journée, de cinq jours, d'un mois, d'une année... Je prends conscience que ce qui est important, ce n'est pas sa longueur ou sa difficulté, son éloignement ou sa proximité, le fait d'être seul ou à plusieurs, c'est uniquement le pas que l'on ose faire. Ce plus petit pas qui rendra fier. Et les possibilités de petits pas sont infinies.

Oser en rando, c'est aller un peu plus loin, faire plus de kilomètres, plus de dénivelé, marcher plus de jours. C'est aussi modifier son confort, revoir ses besoins, revenir à l'essentiel.

Oser en rando, c'est apprendre à se connaître. C'est se mettre en projet, comme on pourrait créer un projet de vie ou un projet professionnel.

Aller d'un point A à un point B

Analyser

S'impliquer

Choisir un itinéraire

Suivre un chemin

Avancer, pas après pas

Accepter des inconforts et des aléas

Accepter, oui…

S'adapter

Faire un effort

Se satisfaire de l'essentiel

Se nourrir autrement

De rencontres, de moments, d'un coucher de soleil

Viser des paliers intermédiaires

Savoir renoncer parfois

Ralentir

Faire une pause

Intégrer l'expérience acquise sur le chemin

Marcher, marcher, marcher

Être fier et assumer ce sentiment

Vibrer et se sentir vivant

Prendre toute sa place et enclencher un cercle vertueux de motivation, d'élan, d'envie

Rayonner

À l'issue du premier séjour « Montagne » organisé pour mes élèves de lycée, Bren m'avait dit : « Maintenant que j'ai fait ça, je me sens capable de tout. » Nous venions de nous retourner sur le Puy de Sancy, atteint quelques heures auparavant. Ça pourrait être « juste » le Puy de Sancy, sommet de « juste » 1885 mètres. Mais c'était bien plus. Tous les éléments de cette journée l'avaient conduit à faire de nouveaux pas : la longueur de l'étape, l'altitude, le dénivelé, l'orientation hors sentier, carte et boussole à la main, la responsabilité du tracé pendant quelques minutes. Nous étions tous portés par l'énergie du groupe, nous tapant dans la main une fois arrivés là-haut. Je ne compte plus le nombre de fois où je suis passée par le Sancy, en coup de vent, en courant, en marchant, au milieu d'une foule compacte (de gens ou de mouches volantes, cela dépend des saisons), pour l'apéro-coucher-de-soleil, pour contempler les volcans, seule ou avec mes amis. Atteindre un sommet n'est jamais anodin, même s'il est connu et maîtrisé, car il te rappelle toujours que là-haut, la seule limite, c'est le ciel.

Elle voulait parler d'émancipation, d'oser être.

Elle voulait transmettre grâce à ses allers-retours entre trek et quotidien, une approche spirituelle et thérapeutique de la marche.

Il lui aura fallu deux ans pour trouver les bons mots, le bon sens, le bon ordre.

Il lui fallait surtout incarner pleinement son message.

Son GR20 a entrouvert de nombreuses portes et tous ces mois lui ont été nécessaires pour explorer, puis accepter, soigner, intégrer, faire grandir ce qu'il y avait derrière. Son travail ne s'arrêtait pas là, parce que le passé, c'est pour apprendre, ce n'est pas pour y vivre.

Pas après pas, elle a dû prendre de la distance avec son passé et son aventure pour en faire jaillir l'essentiel, l'universel, ce qui vient parler de la grande Aventure Vie, et de la nature, son alliée.

L'Univers

14

Quand on partage un bien matériel, on le divise. Quand on partage un bien immatériel, on le multiplie.

Idriss Aberkane

Été 2021

Parce que nous avons quand même eu cinq minutes de visibilité sur sept heures de randonnée, nous avons pu imaginer que Belledonne était un très beau massif ! Partis la veille depuis Aiguebelle, notre Haute Traversée de Belledone par le GR738 en duo était rapidement devenue une randonnée de groupe.

Ami du jour : Bonjour, Brouillard ! Bien sympa, enveloppant, il devait se sentir si bien avec nous, qu'il est resté à nos côtés toute la journée. Souvent accompagné par sa copine Pluie, nous avons passé un bon moment sportif tous les quatre : les Éléments, mon ami Bastien et moi ! Dégoulinant d'eau, les ponchos sur le dos, nous avons pu imaginer les montagnes autour de nous, à défaut de pouvoir les admirer. Heureusement, les rhododendrons étaient en fleurs : du gris moucheté de rose et de vert. Monter, descendre, glisser, marcher dans l'eau « au point où on en est ! », de vrais plaisirs enfantins. Mais comme pour les enfants, le temps est devenu un peu long dans cet espace sans horizon prévu par *Météoblue* pour quelques jours encore !

Qu'a-t-il à te dire ce brouillard ? Quel sens a-t-il pour toi, pour lui, pour vous aujourd'hui ?

La Corse m'a appris que la nature parle à celui qui y est attentif. Alors, j'observe et j'écoute. J'écoute le silence d'abord et parfois, il est le seul à s'exprimer. Aujourd'hui, des mots me traversent.

En entamant une belle descente pour arriver au habert du soir, priant que la réserve de bois soit à l'abri de l'humidité, j'ai lancé une discussion sur ce dialogue intérieur entre ce qui est en moi et ce que j'observe autour de moi. Consciente que mon raisonnement n'est pas habituel, je lui ai demandé :

— Si on part du principe que la nature transmet sa sagesse à chacun, qu'est-ce que le brouillard aurait à nous dire ou nous enseigner selon toi ?

Silence.

— Tu y as réfléchi toi ?

— Oui, depuis qu'on est entré dans cette vallée.

Il me dit :

« Tu n'as besoin de regarder ni derrière ni devant,

Juste au présent.

Tu n'as besoin ni de ce que tu avais, ni de ce que tu n'as pas encore,

Juste de ce qui est là, proche de toi. »

Nous arrivons. Le bois est humide au refuge. Un couple s'y est installé en milieu d'après-midi. Ils tentent de se réchauffer autour d'un feu bien faible ! Débarrassés de nos affaires, il est temps de réfléchir à la suite du trek. Quel itinéraire allons-nous prendre le lendemain pour éviter brouillard, sommet, orage, et possibles névés ? Alors que nous sommes vautrés sur nos cartes IGN, une petite famille arrive sur les lieux pour y passer la nuit. Venus chargés de bois sec, ils deviennent nos messies du soir ! Au cours du repas partagé dans la bonne humeur collective et la chaleur du poêle, le père de famille ouvre une porte de sortie :

— J'ai deux places dans la voiture. Si vous voulez, je peux vous descendre vers une gare demain. C'est comme vous voulez !

Les réactions ne sont pas vives et spontanées. De rapides, « oui pourquoi pas, on va réfléchir, regarder la météo » sortent des bouches. S'arrêter demain, après deux petits jours, ne m'était pas venu à l'esprit !

Couchés avec le brouillard, la lueur blanchâtre derrière le hublot ce matin nous laisse peu d'espoir d'un spectacle différent. J'ouvre complètement les yeux. « Réunion de crise », me dit Bastien quasiment dans la foulée, encore blotti dans son duvet, mais avec la voix de celui qui est réveillé depuis un moment déjà ! « J'ai beaucoup réfléchi. J'ai une proposition à te faire. Je pense que c'est mieux de repartir avec la famille. On récupère ta voiture, on fait quelques courses et on passe deux jours au refuge que l'on a croisé hier bien avant le col de la Perche, le temps que la météo soit meilleure. On décidera de la suite du programme là-bas. Qu'en penses-tu ? »

Il est six heures et je ne peux échapper au challenge du jour : accepter de modifier les plans ! Bien sûr que ce qu'il me propose est pertinent, mais je me crispe malgré tout. Arrêter... ?

— Tu ne te sens pas de continuer ?

— Franchement non. On ne voit rien et c'est encore une grosse étape, avec un gros dénivelé qu'on a prévu. Je ne me

vois pas refaire ce qu'on a fait hier. Toi, tu voudrais continuer ?

— Pour le défi oui. On peut regarder à nouveau s'il y a des
chemins alternatifs, plus à l'abri...

— On n'est pas sûr non plus de trouver du bois sec au prochain refuge, et le prochain refuge gardé est vraiment loin.

Silence.

— Oui tu as raison... C'est sûr qu'on ne peut pas profiter
pleinement du paysage, c'est pas vraiment du plaisir.

— On fait une pause. Et on regardera ce qu'il y a à faire, à
la journée, ou sur deux trois jours. Voilà ce que je te propose.

— Je réfléchis. »

Wahou, tous mes sens sont en alerte ! C'est toujours aussi difficile pour moi de remettre en question un projet ! Je
sais que continuer dans ces conditions ne sera pas très amusant, et qu'arrêter serait plus confortable. Je fixe le brouillard comme s'il pouvait prendre une décision à ma place...
ce qu'il est peut-être déjà en train de faire ! Vraiment, on ne
voit rien ! L'idée du refuge est séduisante, je dois l'admettre.
Mais il faut passer de ce trek très sportif à un autre projet.
Pourquoi est-ce que je résiste autant alors que je sens bien
qu'une part de moi a envie d'être au sec, de faire des étapes
plus raisonnables que les sept jours très exigeants que l'on
a prévus ?

Sois à l'écoute.
Laisse-toi porter.

Accepter l'émotion de ma résistance intérieure dont je ne
comprends pas la ténacité. Tout paraît simple. Je dois être
honnête avec moi.

Est-ce grave de changer de programme ? Quel était l'enjeu de ce GR ? La difficulté ?

Tu as déjà connu ce scénario. Avance. Tu peux.

Le temps que je prends pour réfléchir se déroule dans l'agitation naissante autour de nous. Les enfants descendent prendre leur petit déjeuner. Un traileur engagé sur la traversée arrive trempé de la tête au pied. Il doit rejoindre un refuge éloigné de vingt-cinq kilomètres. Il fait une micro-pause et pour ne pas se refroidir repart aussitôt. Le deuxième duo décide de continuer le GR par un chemin en sous-bois.

Aaaah ! Eux, ils sont déterminés. Ils n'abandonnent pas.

J'essaie de ne laisser transparaître aucune de mes tensions intérieures, semblables à des élastiques ! Mais ce qui ne se voit pas peut tout à fait se sentir. Il renchérit :

— Tu te vois vraiment repartir sous la pluie ? Franchement, je ne me vois pas faire les grosses étapes prévues sous ce temps. Je ne prends pas de plaisir. C'est bien un jour. C'était bien hier.

Silence.

Eh ! Tu n'es pas seule dans cette aventure. Écoute. Partage ce qui te traverse. Communique. Ose, même si tu trouves que tes hésitations ne sont pas glorieuses. Elles sont.

— C'est vrai que ce n'est pas agréable, on ne voit rien et on ne sait pas s'il y aura de quoi nous sécher à l'arrivée. (Silence.) C'est vraiment difficile pour moi de passer d'un projet ultra sportif à une longue pause. Je ne l'explique pas. Je sens juste que là, ça résiste. J'avais ressenti ça aussi en Corse. Laisse-moi un tout petit peu de temps encore s'il te plait.

Je suis étonnée de cette frustration qui grandit à nouveau en moi. Un pourquoi reste sans réponse. Il n'y a d'ailleurs peut-être pas de réponse à trouver, juste ressentir. Ressentir mon émotion et mon corps contracté face à la décision à prendre. Revenir aux faits. Le temps n'est vraiment pas favorable. La vue est bouchée. Cette famille sortie de nulle part n'est pas là par hasard. La cabane est chouette, le lieu très joli. Nous y sommes passés le premier jour. Un refuge sommaire en pleine forêt. C'est une autre aventure, rien que ça. Il n'y a pas d'échec. Une autre aventure à inventer. Faire face à ce qui se présente. Allez.

— Nous repartons avec vous !

Avril 2022

18 %

Que signifie « se libérer du passé » ? Oublier ? Nier ? Apaiser ? On m'a dit un jour : « J'ai su que j'avais fait le deuil de ma fille, le jour où j'ai cessé d'imaginer comment elle serait aujourd'hui. » Bouleversant ! Et si le deuil amoureux relève du même processus à un degré différent ? Est-il intégré lorsque je ne parle plus avec des « si », que je ne fais plus de projections de lui et moi au présent, ou de comparaisons stériles d'avant sur maintenant ? Je pense que oui. 18 % c'est la hauteur de l'attachement que j'ai encore pour cette période de ma vie. C'est le poids du passé sur mon présent, mes décisions, ma façon de réagir, d'appréhender ce que je vis. C'est un filtre devant mes yeux, mon cœur et ma raison. 18 % qui résistent à passer d'un « échec » à une « expérience », à voir

le beau et le moins joli avec une douce distance émotionnelle, à libérer la place que je lui avais donnée.

18 %. C'est peu et beaucoup à la fois. « Le cœur a ses
raisons que la raison ignore. » C'est ainsi. Pas après pas. Kilomètre après kilomètre. Expérience après expérience. Quel
que soit le temps nécessaire à chaque étape.

Juin 2022 — Pentecôte

Il y a deux ans, en écrivant « À qui voudra l'entendre :
je suis prête pour la suite ! », je ne savais pas trop à quoi
m'attendre : grands bouleversements, petites nouveautés,
renforcement du déjà existant... ?

Vivre le trek comme une voie d'émancipation s'était clairement établi en moi, à partir du Vercors. Qu'allais-je donc
découvrir de plus, de différent après le GR20 ? Un coup de
pied aux fesses, voilà ce que j'ai reçu ! Un « Tu es prête ?
Alors c'est parti ! » qui m'a poussée à expérimenter avec les
autres, le monde, le quotidien et le trek, depuis mon intérieur, ce que j'étais devenue. Il était temps de sortir de ma
coquille, de me confronter à des manières de faire, de penser
et de voir différentes des miennes. Je mettais à l'épreuve du
feu social mes idées pour constater si oui ou non, j'assumais
bien d'être moi-même tout en essayant de rester souple et
ouverte à ce qui m'entoure et à continuer d'apprendre grâce
aux autres.

La couleur avait été annoncée par la rencontre avec Amaury et Benoit. Le concept d'« altérité » s'est imposé ensuite
comme le maître mot de la fameuse « suite » centrifuge.
Car à quoi bon apprendre et cheminer intérieurement pour

rester en tête-à-tête avec moi-même ? Être bien avec moi trouve un intérêt si cela me permet d'être mieux et authentique avec les autres.

Depuis la Corse, j'ai passé chacune de mes vacances en compagnie de proches et immergée en pleine nature, en montagne ou sur l'eau, à pied, en raquettes à neige ou en canoë. Les nouvelles conditions de mon chemin ont été réunies pour m'aider à m'adapter, ouvrir mon regard, accepter, être souple, respecter l'autre et me respecter moi. Vaste programme ! Je comprends maintenant qu'il ait fallu tant de mois pour parcourir tous ces kilomètres de vie. Une Grande Randonnée unique, la plus inconnue qui soit.

3 % encore.

Ce qui est vide peut recevoir. Du rien, semblant aussi calme et immobile qu'un lac, tout peut jaillir. Il contient l'immensité des possibles.

Ne laissez personne d'autre que vous-même définir qui vous êtes. Vous connaître est votre devoir le plus absolu dans la vie. Tant que vous le négligez, vous n'êtes pas libre. Aussi, tant que vous laissez les autres vous définir, vous n'êtes pas libre.

Idriss Aberkane

Comme on ne ferme pas les mains lorsqu'on reçoit un cadeau, une attention, il est important d'ouvrir ses sens à son environnement pour percevoir les informations dont on a besoin. Tout ce qui est autour de soi vient parler de soi. Tout ce qui attire l'attention, qui génère des émotions, vient parler de ce qui se joue en soi et de ce qui a besoin d'être écouté.

Une information à la télé, un évènement dans la journée, une broutille, un appartement mal rangé, une personne en retard, une plante verte qui dépérit, la météo… Pourquoi repérez-vous telle petite ou grande chose dans votre environnement ? Pourquoi un même élément résonne de manière distincte en soi ou en une autre personne ? Pourquoi la pluie est-elle un « sale temps » ? Pourquoi est-elle bonne un jour et le lendemain de trop ? Pourquoi percevez-vous le gris du ciel le matin et le soir tous les parapluies de couleur qui se pressent sous les gouttes ?

Maintenant que nous nous connaissons bien, si vous êtes d'accord nous pouvons prendre de vitesse le-mental-qui-résiste. Je vous propose une expérience. Imaginez. Ressentez. Vous êtes en randonnée sur un chemin sans danger, mais que vous ne connaissez pas encore. Le brouillard ne vous lâche pas. Il avale tout le paysage. Vous ne voyez pas à cinq mètres. Les éclaircies tardent à venir. Je sais que vous vivez cette expérience chacun à votre manière, selon vos besoins, votre humeur du moment et vos précédentes aventures. Que vient dire ce brouillard de vous-même ? Quel message peut-il vous offrir ?

C'est un exercice délicat de rencontrer mon ami le Brouillard, ce mal aimé ! Il semble être un coach cynique, privant le regard des courageux marcheurs, arrivés au sommet, de panoramas merveilleux. Pourtant il est un enseignant de haut vol, je vous le dis ! Je vous en donne un aperçu, car il mérite bien des honneurs !

Oui, je vous entends en haut de votre montagne, la vue bouchée : « tout ça pour ça ! » Le Brouillard vous rappelle que la valeur de l'effort accompli est avant tout dans le chemin. « N'oubliez pas que la récompense est en vous. » Généreux comme il est, il vous propose même un écran blanc pour y dessiner vos propres sommets, vos propres envies, vos propres rêves !

Bon, je vous l'accorde, c'est quand même bien dommage de ne pas voir à plus de quelques mètres devant soi. Avec le Brouillard, tout se ressemble finalement. Ici ou ailleurs, il n'apparait pas de grande différence, alors à quoi bon ! Je pourrais tout de même vous dire que l'énergie du lieu a aussi toute son importance… La terre qui vous porte, l'air qui vous entoure, l'histoire qui vous traverse… Mais bon, je vais éviter de me disperser et revenir à mon Brouillard qui vole les paysages ! Que faire s'il a choisi de vous accompagner toute la journée ? Peut-être a-t-il envie de vous transmettre quelques clés ? Décider de faire une pause, de ralentir le rythme, reporter le projet, se reposer ou bien encore, observer ce qui est juste à vos pieds, à portée de mains et de regard ? Cette petite fleur jaune se détachant du brouillard, la voyez-vous ? N'est-elle pas aussi belle que les grandes montagnes qui l'entourent ?

C'est une invitation toute simple que je vous fais là : lors de votre prochaine marche, observez ce qui est autour de vous pour mettre des mots sur ce qui est en vous. Échangez avec vos partenaires du jour sur ce qu'ils ont retenu de l'espace et sur leurs ressentis. Vous pourrez voir comme il est amusant de vivre ces interactions singulières entre soi et le monde semblant pourtant être, au premier coup d'œil, le même. Une montagne est une montagne ! Une cascade est une cascade !

La nature est généreuse et abondante. Elle n'est pas qu'un support d'introspection, elle guide celles et ceux qui l'observent à donner du sens à ce qu'ils traversent, et de pouvoir alors accepter et vivre avec plus d'aisance les intempéries intérieures et extérieures. Reprendre son pouvoir, c'est aussi reprendre ses responsabilités. Chacun est responsable de ses propres tempêtes et ce qui est autour de soi permet d'en prendre conscience pour les apaiser. « Sois le changement que tu veux voir dans le monde », disait le sage Gandhi.

Le monde est en elle. Le monde est en vous.
Gardez vos mains ouvertes pour donner et recevoir,
Du concret comme de la magie.
Avec conscience,
Osez regarder autour de vous
Et vous laissez porter par la Vie.

L'Univers

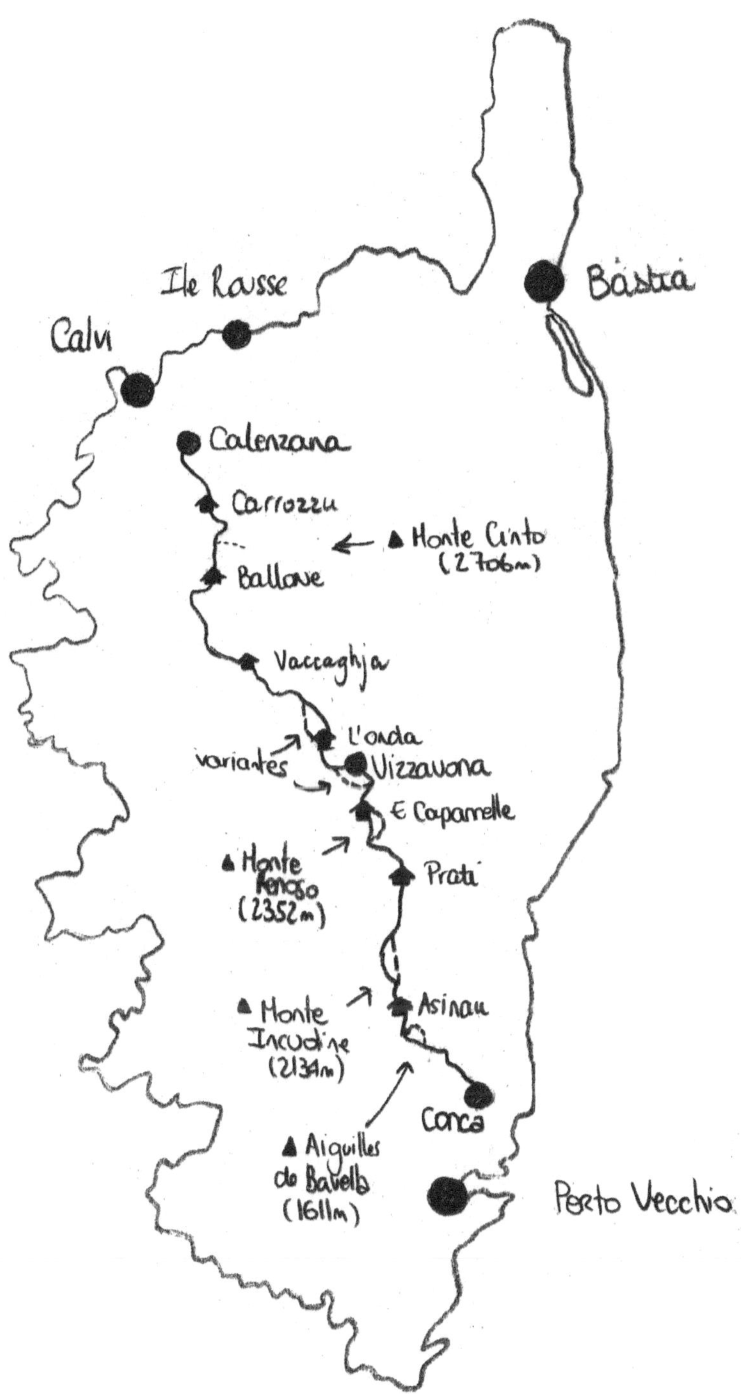

Calvi
Ile Rousse
Bàstia
Calenzana
Carrozzu
Monte Cinto
(2706m)
Ballone
Vaccaghja
variantes
L'onda
Vizzavona
E Capannelle
Monte Renoso
(2352m)
Prati
Monte Incudine
(2134m)
Asinau
Conca
Aiguilles de Bavella
(1611m)
Porto Vecchio

Homme, Femme

Vivre avec les Éléments

Faire avec

Devenir un, une avec le Vent, la Pluie, le Soleil, la Terre

L'équilibre à tout instant.

Masculin

Se mettre en mouvement

Faire face aux aléas, à l'inconnu.

Féminin

Écouter finement

L'intuition, la foi, qui relie à plus grand.

Remerciements

Parce que dire Merci est vibrant et me rappelle que je ne suis jamais seule.

Ce livre est à l'image d'un cairn : des bouts de texte, de méditations, de souvenirs, d'expériences et de rencontres. Des petits pas et de la reconnaissance.

Merci à Julien d'avoir écrit son message à une inconnue, un jour d'été. L'Aventure existe dans cette version parce que ses pieds se sont posés au bon moment dans ma vie.

Merci à mes parents et à mes sœurs, pour leur amour, leur soutien et la fierté qu'ils me témoignent sans réserve. Merci à mes amies pour leur présence et la force de nos liens.

Merci aux thérapeutes et aux coachs qui m'ont accompagnée avec bienveillance dans tous les domaines que j'ai eu besoin d'explorer, d'apaiser, de développer. Je pense tout particulièrement à Yana, pour ses voyages et mon ouverture de conscience au visible et à l'invisible qui s'est élargie au fil des mois, à Peggy pour les petits pas si précieux qu'elle m'a aidée à faire afin d'effacer les grandes ombres de tous les petits blocages autour de l'écriture.

Une pensée pleine de gratitude pour Patou me traverse. Elle m'a généreusement et régulièrement accueillie dans son gîte, devenu un refuge pour mon cœur.

Merci à toutes les personnes qui ont contribué par leur lecture bienveillante et constructive à ce livre. Merci à Sarah Fouilloux qui a su passer avec un grand professionnalisme entre mon livre et moi, et qui débroussaille ce vaste champ qu'est l'autoédition.

Merci à Chilly Charly pour la qualité de son travail graphique. Merci à Charlotte Cruz de la Goutte Créative qui, grâce à son expérience et sa disponibilité, a éclairé la suite du chemin pour ce livre. Ce trio a été un point d'appui aussi efficace que bienveillant dans l'élaboration de l'objet livre et de sa diffusion.

Merci pour toutes les rencontres, éphémères ou durables, apaisantes ou inconfortables, que la providence met sur mon chemin.

Je termine par une reconnaissance infinie pour la Nature et la Montagne : pour les cinq sens qu'elles stimulent, le sixième qu'elles éveillent, l'émancipation qu'elles offrent, et l'humilité qu'elles rappellent.